los nuevos asentamientos informales en la ciudad de buenos aires

el caso de las tierras ferroviarias desactivadas en los barrios de chacarita, paternal, caballito y barracas

daniela szajnberg

EQUIPO (POR ORDEN ALFABÉTICO)

GRADUADOS
christian cordara, marina mann, fernanda schilman, ileana versace

ESTUDIANTES
mariano schilman, gabriela sorda, guadalupe tello

COLABORADORES
maría laura allemandi, fernanda alvarez do bonfim, mónica buri, nicolás cambón, patricia koutras, mario miskiewiecz, laura pesce

RED HÁBITAT ARGENTINA
cristina lescano, fernando ojeda

EDICIONES FADU

nobuko

Szajnberg, Daniela
  Los nuevos asentamientos informales en la Ciudad de Buenos Aires: el caso de las
  tierras ferroviarias desactivadas en los barrios de Chacarita, Paternal, Caballito y
  Barracas. - 1a ed. - Buenos Aires: Nobuko, 2009.
  136 p.: il.; 24x18 cm. - (Pensamientos)

  ISBN 978-987-584-206-9

  1. Urbanismo. I. Título
  CDD 711

Facultad de Arquitectura, Diseño y Urbanismo

Colección Pensamientos

Ediciones FADU
Secretaría de Extensión Universitaria
Secretaria de SEU: Beatriz Pedro
Subsecretario de Medios y Comunicación: Javier Basile
Directora de Publicaciones: Paula Siganevich
Asistentes de Publicaciones: Noelia Movilla / María Eugenia Jaime / Carlos Copa
Diseño colección pensamientos: Paula Salzman
Diseño Gráfico: Paula Salzman / Paula Martín
Armado: Karina Di Pace

Índice

NOTA DEL EDITOR

Este libro se terminó de redactar en octubre de 2007. Desde entonces ha habido algunos desalojos de pobladores en los asentamientos informales presentados en el libro, mientras que el patrón de acción estatal ha tendido a las soluciones provisorias, parciales y también informales y precarias.

Presentación

Este libro reúne los resultados del trabajo de investigación realizado por un equipo de investigadores-docentes y estudiantes de la Facultad de Arquitectura y Diseño de la FADU-UBA, dirigidos por la Arq. Daniela Szajnberg. En él se han estudiado los recientes asentamientos "informales" que se encuentran en las tierras ferroviarias localizadas en la ciudad de Buenos Aires, cuyos usos fueron desactivados luego de la privatización de los ferrocarriles de 1991 (Chacarita-Paternal-Caballito-Barracas).

Hay que destacar que esta investigación se hace desde un compromiso con la problemática del hábitat popular urbano y sus necesidades, lo que ha llevado a sus autores a confluir con organizaciones sociales, académicas y profesionales (Red Hábitat). Y es desde aquí que su experiencia es ejemplo de la fertilidad de esta vinculación, que se ha ido plasmando en la integración y desarrollo de un conjunto de conceptualizaciones como *producción social y autogestiva del hábitat, función social de la propiedad, mecanismos participativos, derecho al trabajo, a la tierra y a la vivienda, tenencia segura, cero desalojos, reforma urbana*; en un programa que impulsan en común para aportar a la resolución del déficit habitacional, y en acciones asociativas que se han ido plasmando en encuentros de intercambio y de trabajo.

Al interés de conocer estos nuevos asentamientos, sus causas y razones, sus habitantes, sus formas de organización, sus estrategias, su morfología y sus condiciones de habitabilidad, se suma el aporte que el trabajo realiza al debate sobre el destino de esas tierras y sobre un proyecto urbano que tenga en prioritaria consideración las necesidades habitacionales de quienes las ocupan actualmente, reconociendo su relación con los aspectos productivos, históricos y emocionales del barrio que habitan.

Sus reflexiones enriquecen un enfoque de la formación y el rol profesional del arquitecto con actitud y aptitudes para la producción social del hábitat y para el diseño y el ejercicio de políticas y prácticas urbanísticas, habitacionales y fundiarias tendientes a la integración y la equidad socio-espacial, que pueda aportar a revertir la tendencia de la Ciudad de Buenos Aires a transformarse sólo en el espacio para las inversiones privadas destinadas a proyectos residenciales y comerciales de alto estándar.

Me une con sus autores y con todos los protagonistas, *un mismo problema y una misma lucha: el déficit habitacional, la lucha por el hábitat social y la vivienda digna en la Argentina, y la búsqueda de la articulación profesional y académica con estas problemáticas.* Recorremos el mismo camino de recuperar y desarrollar una nueva conceptualización de la formación proyectual y un nuevo enfoque del rol profesional del arquitecto, buscando superar el desencuentro del enfoque tradicional con las necesidades de las mayorías, sus legítimas demandas y sus expectativas socio-espaciales.

Marzo de 2009

Mg. Beatriz H. Pedro
Profesora de Conocimiento Proyectual del CBC
y de Estructuras de la Carrera de Arquitectura

Prólogo

La realización de este libro condensa algunos resultados de las actividades de
transferencia de integrantes de equipos de investigación sobre Política Urbanís-
tica, Habitacional, Fundiaria y Procesos Proyectuales Participativos dirigidos por
Daniela Szajnberg en la Facultad de Arquitectura, Diseño y Urbanismo de la
Universidad de Buenos Aires, en el marco de las actividades desarrolladas por la
Red Hábitat Argentina, y en estrecha articulación con la Cooperativa El Ceibo
Trabajo Barrial, integrante del equipo fundador y promotor de esta Red.

La Red Hábitat Argentina, es de naturaleza filantrópica y comenzó a conformarse
en el año 2003, a partir de la confluencia de diversas organizaciones barriales, de
base, de pobladores y ciudadanos organizados en torno a un mismo problema y
una misma lucha: el déficit habitacional y la lucha por el Hábitat Social y la Vivienda digna en la Argentina. A este espacio se sumaron sectores académicos y también profesionales y técnicos de distintos organismos públicos ejecutivos y legislativos y diferentes niveles jurisdiccionales nacionales, provinciales, municipales y
también organismos internacionales. Inicialmente, participaron instituciones no
gubernamentales, profesionales y técnicos de distintos niveles de organismos
gubernamentales, sociales e instituciones académicas de la Ciudad Autónoma de
Buenos Aires, propulsando la organización del evento anual del Día Mundial del
Hábitat, contextualizado en la Campaña Internacional que las Naciones Unidas
promueve desde principios del siglo XXI a través de la Metas del Milenio, a las que
la República Argentina adhirió en el año 2003 precisando acciones para cumplir
su compromiso: asentamientos humanos, social, económica y ambientalmente
sustentables, para lo que se precisaron metas en relación a la integración de
estos principios en las políticas y programas, a la reducción del déficit de acceso
a agua potable y saneamiento básico, y a la disminución significativa de la población residente en villas miserias y asentamientos irregulares. Quizás pueda
recordarse como uno de los principales antecedentes de la renovación y fortalecimiento de las redes contemporáneas, las jornadas "Nuevos Fenómenos de
Pobreza Urbana" patrocinadas por Naciones Unidas en el año 1997, precisamente
cuando la ciudad de Buenos Aires llevaba su primer año de autonomía y ponía en
vigencia su carta orgánica, dándose fruto nuevas alianzas locales e internacionales,

a partir de lo cual la Red Hábitat lograra re-instalar la problemática del Hábitat y
el Derecho a la Vivienda Digna, captando la atención de ciertos estamentos públicos, ONG's, y también de importantes medios de comunicación masiva que contri-
buyeron a instalar problemáticas como las de las casas tomadas o los nuevo
asentamientos informales.

Sin perder las identidades específicas de cada organización participante, y trabajando sobre los puntos de encuentro y consenso, los objetivo centrales de la Red
Hábitat Argentina son: estimular la generación de políticas sociales, habitacionales y urbanísticas integradas; difundir y reflexionar sobre estrategias para reducir
el déficit habitacional y reflexionar sobre ellas; fortalecer espacios participativos
para superar la marginalidad habitacional y promover un marco legal a nivel
nacional, que asocie la Vivienda a la tierra que le da soporte territorial, la infraestructura que la califica y al concepto integrador de Hábitat y Derecho a la Ciudad.

Además de organizar el evento anual, la Red Hábitat Argentina sostiene reuniones plenarias mensuales y reuniones específicas en relación a conflictos de
emergencia de pobladores en riesgo de desalojo o para compartir experiencias
(exitosas, replicables, frustrantes) de cooperativas autogestionarias. Entre las
fortalezas de esta red, podemos mencionar su inserción y reconocimiento a nivel
internacional, articulando con organizaciones como Naciones Unidas, la Alianza
Internacional de Habitantes, Centre on Housing Rights and Evictions –Programa
de las Américas–; así como también su horizontalidad y apertura permanente a
la integración de y con nuevas organizaciones participantes; no es un ámbito
cerrado, por el contrario, está en permanente crecimiento y evolución. Y a nivel
local, la Red Hábitat Argentina cuenta con la participación activa de prestigiosas
organizaciones no gubernamentales. Sin ser exhaustivos, podemos citar a modo
de ejemplo a El Ceibo Trabajo Barrial, con una importante trayectoria de trabajo
integral en la cuestión de las familias con dificultades en su desarrollo económico y socio-habitacional, bajo la consigna de la lucha por conseguir una vivienda y
un hábitat adecuado, pero necesariamente ligado a la obtención de recursos
para obtenerla o sostenerla, a la educación y al trabajo. Así se fundamenta la

sub-línea de trabajo barrial de El Ceibo en el marco del Programa de Recuperadores Urbanos que ha promovido el Gobierno de la Ciudad de Buenos Aires. Otro lema y sub-línea de acción que esta organización comparte en articulación con la Red Hábitat Argentina, es la necesidad de transformación del tradicional modelo centralizado de producción de vivienda. Basado en esperar un barrio armado a nuevo en espacios alejados del tejido urbano y bajo el criterio de conceptuar a los pobladores como "beneficiarios", independientemente de su pertenencia territorial, por el criterio de regularización de los espacios que ocupan las familias al momento de definir las políticas habitacionales. Esto es, contemplar efectivamente, la regularización de la situación dominial en el caso de familias que ya están residiendo en espacios urbanos edificados o no,[1] ampliar las experiencias que incorporan la modalidad de producción social por autoconstrucción a través de cooperativas y pequeñas empresas constructoras, promover y sostener la participación de las organizaciones de la sociedad civil en espacios concretos[2] y alentar las políticas habitacionales inclusivas de todos los que tienen problemas de vivienda, no sólo de los que se encuentran en las peores condiciones.[3]

A partir del año 2005, la experiencia conjunta acumulada, que recupera la experiencia de las organizaciones que llevan más de 30 años en la lucha por la vivienda, e incorpora las nuevas perspectivas de las organizaciones más jóvenes o con nuevos tipos de problemáticas del hábitat, permitió que la Red Hábitat Argentina se propusiera ampliar su base de participación a nivel nacional, fortalecerse institucionalmente, y articular con otras redes, foros o espacios con trayectorias y objetivos similares.

[1] Como el caso de los programas referidos a la traza de la ex autopista AU3 en la ciudad de Buenos Aires.

[2] Y no como una mera ronda de consulta no vinculante, que suelen priorizar las operatorias que convocan centralmente a grandes empresas constructoras.

[3] Esto implica abordar las especificidades de casas tomadas, inquilinatos, pensiones, hoteles, etc., porque también hay grupos socioeconómicos de clase media, que pagan alquileres altísimos o no alcanzan a calificar por falta de garantes u otros requisitos del mercado inmobiliario de alquileres, siendo que además suelen no tener tiempo para la participación de redes de pares, ya que se establece un círculo vicioso entre el tiempo destinado a trabajar y a conseguir recursos suficientes para pagar el alquiler.

Desde entonces, las reuniones plenarias periódicas así como también la Jornada Anual comenzó a realizarse en sedes rotativas: hubo actividades conjuntas en lugares tan distantes como Catamarca, Bariloche o Tierra del Fuego, y en 2008 se prevé participar en actividades organizadas en Montevideo y México DF. Además de la especificidad del problema de los ocupantes de casas o edificios deshabitados o abandonados, conventillos, pensiones e inquilinatos, y de la población en villas, se han abierto nuevas líneas para incluir y acompañar también a los pobladores de los nuevos asentamientos informales no reconocidos por los programas de urbanización oficiales, y también a la problemática del hábitat de los pueblos originarios y del hábitat rural en riesgo de desalojo, que suelen tener más dificultades en encontrar canales de difusión y participación. Desde 2006, además de construir colectivamente un espacio de aprendizaje que a través del intercambio de experiencia permita reflexionar sobre las prácticas organizativas necesarias para el ejercicio y los derechos sobre el hábitat, esta Red se propuso recuperar el espacio de la acción para obtener logros concretos.

La Red Hábitat Argentina adhiere a la Declaración por la Reforma Urbana, y comparte la convicción y militancia de otras organizaciones y redes de pares como el Secretariado de Enlace de Comunidades Autogestionarias, el Movimiento de Ocupantes e Inquilinos, el Movimiento por la Reforma Urbana en Argentina, Red Gestión Solidaria, o el Foro de Organizaciones de Tierra, Infraestructura y Vivienda de la Provincia de Buenos Aires, que propulsan la consigna del Derecho al trabajo, a la tierra y a la Vivienda digna, y a la Ciudad, la función social de la propiedad, los mecanismos participativos, el fortalecimiento de los procesos de producción social y autogestiva del hábitat, y la puesta en marcha de políticas urbanas inclusivas con mecanismos urbanísticos que recuperen y redistribuyan cargas y beneficios, y propendan a la equidad socioespacial, la campaña "Cero Desalojos" y la Tenencia Segura.

En el año 2005, en el marco de la Campaña Internacional Día Mundial del Hábitat, se llevó a cabo la Jornada "La Ciudad y el Hábitat Social" en el Centro de

Información Naciones Unidas el 3 de octubre, dando lugar a mesas de disertación sobre los siguientes temas:

• Organizaciones Sociales en lucha por la Vivienda.
• Políticas Públicas de Hábitat.
• Diferentes Estrategias de Lucha por el Hábitat.

En este evento, además de formar parte del equipo promotor y organizador, el equipo de investigación responsable de este libro presentó los resultados del trabajo de relevamiento espacial físico, socio-habitacional, normativo, histórico y de expectativas de los pobladores de los Asentamientos Informales "Rodrigo Bueno" y "Chacarita" ubicados en la Costanera Sur y el barrio de Chacarita de la Ciudad Autónoma de Buenos Aires respectivamente. Los referentes, delegados barriales, vecinos y/o pobladores de los asentamientos con los que se articuló el trabajo en el Asentamiento Rodrigo Bueno son Mariana Aguirres y Marino Sosa; en el Asentamiento Chacarita, con Ricardo Worobec, María Inés Gelpi, Gladys Guinovart y Emmanuel Frontera. También se participó activamente en los talleres de debate "Organizaciones Argentinas", "Fortalecimiento de las Organizaciones", "Ley Marco", "Red Hábitat Argentina" desarrolladas en la FADU-UBA en el marco del Seminario "Experiencias Académicas en el campo de la producción social del hábitat" en agosto de 2006.

En el año 2006, en el marco de de una nueva edición de la Campaña Internacional Día Mundial del Hábitat, se llevó a cabo la jornada "Hábitat Social en Argentina" en la Facultad de Arquitectura, Diseño y Urbanismo de la Universidad de Buenos Aires el 2 de octubre, dando lugar a Mesas de Disertación sobre los siguientes temas:

• Experiencias Región AMBA y Producción Social.
• Experiencias Nacionales y Construcción Política.
• Articulación Redes y Movimientos Sociales.
• Políticas Públicas Inclusivas.

En este evento, además de formar parte del equipo promotor y organizador, el equipo de investigación autor de este libro presentó los resultados del trabajo de relevamiento espacial físico, socio-habitacional, normativo, histórico y de expectativas de los pobladores de los Asentamientos Informales "Pinedo" y "Delta Sur" ubicados en los barrios de Barracas y Parque de Los Patricios de la Ciudad Autónoma de Buenos Aires respectivamente. Los referentes, delegados, vecinos y/o pobladores con los que se articuló el trabajo son Rubén y Esther en el primero, y Román Alegre, Clara Barbaró, Javier Romero y Liliana Cabrera en el segundo.

En el año 2007, la Red Hábitat Argentina participó de varios encuentros en distintas provincias como Tierra del Fuego o Catamarca. En este último, el 16 y 17 de agosto el equipo de investigación autor de este libro presentó los resultados del trabajo de relevamiento espacial físico, socio-habitacional, normativo, histórico y de expectativas de los pobladores del Asentamiento Informal "Paternal" ubicado en el barrio de La Paternal de la Ciudad Autónoma de Buenos Aires, para lo que se articuló con representantes de sus pobladores, Pamela, Ramona, Marisa, Flor y Andrés Pérez. En la misma línea de trabajo, se presentó el caso del Asentamiento Morixe en el barrio de Caballito en las jornadas de investigación "Urbe y Ciudad" de la Secretaría de Investigaciones de la FADU-UBA. Los referentes, delegados barriales, vecinos y/o pobladores con los que se articuló el trabajo en el Asentamiento Morixe son Francisco Coria, Ramón Casanova y Alejandra Suárez. En cuanto a la Jornada Campaña Internacional Día Mundial del Hábitat 2007 "Hábitat Social para un Mundo Urbano. Por una Agenda Legislativa que incluya Tierra, Vivienda y Ciudad, un Derecho de Todos" llevada a cabo en el Anexo de la Cámara de Senadores de la Nación el 19 de septiembre y el 3 de octubre en el Anexo de la Cámara de Diputados de La Nación, se dio lugar a Mesas de Disertación de representantes de las Redes, y en la conformación de una Mesa Permanente de Trabajo Conjunto de las redes de organizaciones y los legisladores. En estos eventos el equipo de investigación participó activamente como disertante en representación de la Red Hábitat Argentina y en la constitución de la Mesa Permanente de Trabajo Conjunto por una ley marco y la reforma urbana.

El hecho que las redes y movimientos más importantes en torno a la cuestión del Hábitat Social hayan acordado una actividad conjunta, desde los acuerdos y las sinergias positivas, frente a un problema y una inercia estatal que suele tender a disgregar, es hoy una nueva oportunidad para avanzar en la agenda conjunta con el poder legislativo nacional, que como plantea la consigna de esta Jornada, incluya la tierra, la vivienda y la ciudad como un derecho de todos. Desde los proyectos de investigación en los que se elaboró este libro, adherimos y promovemos una política de Estado que atraviese todos los niveles jurisdiccionales y los tres poderes, y que articule e integre las perspectivas sectoriales de las políticas sociales, de tierra, vivienda, ordenamiento territorial e infraestructura y participación.

Así, hemos contribuido a incluir una sub-línea de investigación-acción que introduce en la red una nueva problemática que es la de los nuevos asentamientos informales en Buenos Aires, desde la cual en la primera etapa se ha realizado trabajo de campo en la especificidad de los asentamientos informales, precarios y sub-estándar ubicados en tierras pertenecientes a playones ferroviarios de carga desactivados sobre los que está pendiente la asignación de destino urbanístico y sobre los cuales existen diversos proyectos multi-sectoriales, y distintas pugnas por su uso, apropiación y resignificación. Este libro condensa en sus capítulos Nº 3 a 6 la evolución de esta problemática, a través de los casos de los asentamientos en las playas ferroviarias de Chacarita, Buenos Aires (Delta Sur), Paternal y Caballito (Morixe). En los capítulos Nº 1 y 2 se sintetizan los objetivos e hipótesis orientadoras de los Proyectos de Investigación de la FADU-UBA que desarrollaron el presente libro y su marco conceptual, referencial y metodológico.

Finalmente, se enuncian los principios que regirán la segunda etapa de transferencia a la Red Hábitat Argentina, a desarrollar en el año 2008. En la primera etapa se orientó a la realización de diagnósticos espaciales (físico-socio-habitacionales) y a colaborar en la concientización, asesoramiento, organización y animación a la participación de los actuales moradores de los 4 nuevos asentamientos informales en la Red Hábitat Argentina, en la segunda etapa se trabajará la dimensión proyectual de estos espacios urbanos, que albergan entre otras legítimas demandas y expectativas socio-espaciales, las de los actuales pobladores. Para ello se introducirán técnicas proyectuales participativas, aspirando además a contribuir en la formación de estudiantes y pasantes de la FADU-UBA, que sean futuros graduados y profesionales de las disciplinas con injerencia en el espacio urbano y el hábitat en general, con aptitudes para la producción social del hábitat, así como también en la implementación de técnicas proyectuales participativas y asimilación de sus disciplinas específicas, con el diseño y el ejercicio de políticas y prácticas urbanísticas, habitacionales y fundiarias tendientes a la integración y equidad socio-espacial.

Daniela Szajnberg, Cristina Lescano, Fernando Ojeda

01. Línea de investigaciones sobre política urbanística, habitacional y fundiaria

daniela szajnberg

Esta línea de investigación con sede en la Facultad de Arquitectura, Diseño y Urbanismo de la Universidad de Buenos Aires, pone en tensión dialéctica la política urbanística con otras políticas sectoriales referidas al espacio urbano, especialmente la habitacional y la fundiaria o de tierras.

Para ello, se concentra en los procesos de producción, uso y apropiación del espacio residencial en la Región Metropolitana de Buenos Aires,[1] avanzando sobre visiones que los enfocan desde las políticas públicas sectoriales, el mercado inmobiliario, o estudios mono-disciplinares que propenden a "departamentalizar" o segmentar el conocimiento y la acción sobre este tipo de fenómenos y procesos urbanos.

Tras la retracción de la industria de la construcción, que afectó tanto la producción de vivienda por parte del sector privado como del sector público durante la década de los ochenta, y el boom inmobiliario que le sucedió durante la década de los noventa priorizando la faceta mercantil del espacio residencial para los sectores socioeconómicos altos y medio altos, y desatendiendo el Estado, la creciente demanda de los por entonces diversificados grupos socioeconómicos medios, medio-bajos, bajos y excluidos, la configuración socio-espacial de la RMBA se presentaba extremadamente polarizada y el déficit habitacional se agudizaba hacia fines del siglo xx. Es precisamente este escenario urbano acaecido entre fines del siglo xx y principios del siglo xxi, el que se estudia desde esta línea de investigación, la cual reconoce una nueva inflexión a partir de la crisis financiera e institucional del país en el año 2001 y el intento de reorientación de la política pública iniciada en el año 2003, que además del contexto económico atañe a la política habitacional, fundiaria y a la inversión pública en infraestructura básica y equipamiento social.

Con un enfoque trans-disciplinario, articulando elementos conceptuales del Urbanismo, la Planificación Urbana, la Geografía Urbana, la Economía Urbana, la Ecología Urbana, el Derecho Urbanístico y la Teoría del Estado y la Psicología Social; atendiendo además a la segregación socio-territorial y la valorización diferencial, resultantes de los "procesos de producción, uso y apropiación del espacio residencial" acontecidos durante la transición del siglo xx al xxi, esta línea de investigación

[1] RMBA: 25 municipios de la Provincia de Buenos Aires y la Ciudad Autónoma de Buenos Aires.

analiza, monitorea y evalúa la vinculación entre las políticas públicas, que contribuyen a concretar la producción inmobiliaria residencial del sector privado, con las dirigidas al "espacio residencial" de la población de escasos recursos o marginada por el sistema mercantil, a fin de aportar elementos teórico-metodológicos y criterios técnicos para la formulación de instrumentos urbanísticos y políticas territoriales, habitacionales y fundiarias, que vinculen las lógicas de producción a las demandas habitacionales del nuevo contexto económico, institucional y sociocultural.

En relación con el encuadre epistemológico, la mayoría de los estudios sobre dinámica inmobiliaria y valorización del suelo destinado a usos residenciales suelen ser encarados desde marcos positivistas, basándose en la aplicación de instrumentos de medición, costos y precios, la economía de la edificación, la gestión urbanística y de la valoración inmobiliaria, o el diseño de políticas habitacionales, con salidas pragmáticas para su implementación en el ejercicio profesional liberal o en ámbitos técnicos del sector público. Los enfoques críticos acostumbran analizar la problemática del hábitat sub-estándar de los sectores poblacionales carenciados, presentando dificultades en lo que respecta a la propuesta de salidas. Y es desde el enfoque crítico, desde donde esta línea de investigación ha identificado un área de vacancia, que intenta cubrir estableciendo la articulación de las tres lógicas de "producción del espacio residencial" (sectores públicos, privados y producción informal).

La línea de investigación sobre política urbanística, habitacional y fundiaria presentada precedentemente, se desarrolla a través de los siguientes objetivos (los dos primeros de naturaleza interpretativa y el tercero de naturaleza instrumental).

Objetivos generales

- Caracterizar y analizar la evolución del proceso de producción, uso y apropiación del espacio residencial en la RMBA en los cortes temporales de la última década del siglo XX y la primera del XXI, articulando las lógicas pública, privada y autogestiva del hábitat formal, informal, planificado, y espontáneo, relativas a la política urbanística, habitacional, fundaría y el ordenamiento territorial, e interpretando a la luz de la Teoría Urbana, la relación dialéctica entre el espacio residencial de valorización positiva y negativa.
- Evaluar la efectividad de las políticas aludidas en relación a las prácticas urbanísticas formales e informales que determinan los procesos de densificación, consolidación y expansión urbana y suburbana, y su impacto en la configuración socio-espacial y valorización diferencial del territorio involucrado, a escala local y metropolitana.
- Formular criterios de planificación, recomendaciones proyectuales propositivas y lineamientos estratégicos de gestión y acción, imbricando instrumentos de política urbanística, habitacional, fundiaria y de ordenamiento territorial, considerando las conclusiones derivadas de las instancias analíticas y evaluativas y la premisa de propender a la sustentabilidad, la inclusión, el desarrollo social y humano, y la equidad socio-espacial.

Objetivos específicos

- Realizar estudios de evolución de dinámica inmobiliaria referidos especialmente al sub-mercado de los emprendimientos residenciales de estándar alto y medio-alto y sus nuevas tipologías, modos de producción y comercialización, las nuevas prácticas y actores sociales involucrados, los mercados de tierras asociados, la normativa urbanística y la obra pública involucrada, entre otros factores relevantes. Profundizar estudios de caso en los barrios y/o municipios con mayor dinámica, con dinámica emergente, o donde se registren procesos de transformación o sustitución del tejido urbano relevantes o paradigmáticos, o con conflictos urbanísticos en relación a esas dinámicas.[2]
- Realizar estudios de evolución del hábitat informal relativos al déficit habitacional en sus distintas expresiones (villas, asentamientos, inquilinatos, pensiones, casa tomadas), profundizando estudios de caso en los nuevos asentamientos informales precarios,[3] con énfasis en la situación socio-habitacional, ambiental, urbanística y legal de las tierras involucradas, identificando los proyectos y expectativas de los diferentes actores relevantes, relativas al destino urbanístico de las tierras involucradas.
- Realizar estudios de evolución de la política habitacional y de tierras (leyes, planes, programas, proyectos, inversión) en las distintas modalidades y en relación a la diversidad de actores involucrados en los procesos de producción, uso y apropiación, y la evolución de los mercados de tierras y la normativa urbanística en relación a las mismas y a la evolución del déficit habitacional.[4]
- Compilar y analizar información sobre instrumentos urbanísticos, políticas habitacionales y fundiarias implementadas o propuestas en relación al espacio residencial, en otras ciudades de Argentina y de otros países, evaluando su pertinencia y factibilidad de replicación en la problemática estudiada para el caso de Buenos Aires.

---

[2] En el recorte territorial de la Ciudad Autónoma de Buenos Aires, se han realizado estudios de caso sobre la evolución e impacto urbanístico-ambiental de productos inmobiliarios tipificados como torres amuralladas de alto estándar con infraestructura y servicios especiales, en los barrios de Palermo, Belgrano, Núñez, Colegiales, Caballito, Flores, Villa Santa Rita, Villa General Mitre, Paternal, Villa Urquiza. En el recorte territorial de los demás Municipios de la RMBA, se han realizado estudios de caso sobre la evolución e impacto urbanístico-ambiental de productos inmobiliarios tipificados como urbanizaciones cerradas privadas en los partidos de Pilar, Tigre y Berazategui, considerando especialmente la evolución del borde peri urbano.

[3] En el recorte territorial de la Ciudad Autónoma de Buenos Aires, se han realizado estudios de caso sobre asentamientos en barrios como la Costanera Sur, Chacarita, Barracas, Parque de los Patricios, Caballito, La Paternal. En el recorte territorial de los demás Municipios de la RMBA, se han realizado estudios de caso en sectores urbanos y periurbanos con evidencia de asentamientos informales en los partidos de La Matanza, Moreno y Florencio Varela, considerando especialmente la evolución del borde periurbano.

[4] En el recorte territorial de la Ciudad Autónoma de Buenos Aires, se han realizado estudios particularizados de las políticas de urbanización de villas y programas de autogestión de la vivienda, en sus instancias legislativas y ejecutivas, especialmente a partir de la transición de la Comisión Municipal de la Vivienda al Instituto de la Vivienda y en relación a las cooperativas autogestionarias y equipos técnicos interdisciplinarios. En el recorte territorial de la RMBA, se están analizando las bajadas territoriales locales del Plan Federal de Vivienda, el Programa PROMEBA y otras líneas políticas de distintos niveles jurisdiccionales, aplicadas en los Municipios de La Matanza, Moreno, Florencio Varela, Pilar, Tigre y Berazategui, considerando especialmente la evolución del borde peri urbano.

• Ampliar el campo de conocimiento teórico-metodológico en relación a la política urbanística, habitacional, fundiaria y de ordenamiento territorial como insumo para otros estudios de investigación, para la formación en los campos disciplinares del Urbanismo y el Hábitat, y para la orientación del accionar de los agentes "decisores" político-técnicos.

Objetivos de extensión

• Propiciar la reflexión crítica, la formación interdisciplinaria y ampliación de la masa crítica, y la producción científica transdisciplinaria sobre el cruce de la política urbanística, habitacional, fundiaria y de ordenamiento territorial entre investigadores en formación de las categorías graduados, docentes, pasantes y estudiantes de carreras de grado y posgrado de la FADU-UBA y otras vinculadas directa o indirectamente a la producción del hábitat y el espacio residencial.

• Ampliar y difundir conocimiento sobre dichas prácticas desde la universidad pública participando y organizando eventos y reuniones de intercambio y trabajo en articulación con otros medios académicos y científicos, y con actores sociales de organismos gubernamentales, no gubernamentales y organizaciones intermedias. Asimismo en publicaciones nacionales e internacionales.

• Realizar actividades de extensión mediante transferencia y asistencia técnica, bajo la modalidad de investigación-acción, articulando con organismos gubernamentales y no gubernamentales, y capacitación y formación de agentes de la comunidad y estudiantes de grado y posgrado en disciplinas relativas a la producción y gestión del hábitat.

Estrategia metodológica

La estrategia metodológica articula las siguientes actividades y tareas:

• Búsqueda y procesamiento a partir de fuentes de información primarias y secundarias. Las primarias consisten en relevamientos de variables físico-ambientales y sociales in situ, con apoyatura de técnicas de procesamiento de datos gráficos, fotográficos, cartográficos, sistemas de información geográfica, y entrevistas semi-estructuradas a agentes calificados (residentes, técnicos, agencias inmobiliarias, desarrolladores, funcionarios públicos, etc.). Las fuentes documentales proveen de información censal, normativa urbanística y de ordenamiento territorial, planes de acciones y proyectos ejecutados por las áreas gubernamentales relacionadas al tema, notas periodísticas, publicidades de agentes inmobiliarios y desarrolladores, entre otra información relevante. Para el procesamiento de la información se utilizan técnicas de geo-referenciación y de maquetización electrónica, entre otras.

• Producción analítica y evaluativa: instancias de procesamiento de información, re-elaboración y aplicación interpretativa de marcos teórico y contextual, análisis sectoriales e integrados, evaluación de tendencias y sus impactos a distintas escalas, elaboración de conclusiones y elementos propositivos que varían desde lineamientos estratégicos, a instrumentos normativos, e incluso esquicios de diseño espacial, incorporando en algunos casos, procedimientos proyectuales participativos.

- Estudios de efectividad de la política urbanística, habitacional y fundiaria en relación a la evolución de los usos del suelo reales, de la estructura espacial y la organización territorial. Diseño y desarrollo de inventario de situaciones con evidencia de desajuste entre las prescripciones normativas y los usos del suelo reales en la especificidad del espacio residencial de tipo enclave –urbanizaciones cerradas privadas, villas y asentamientos informales, planes de vivienda de interés social–, en el tejido urbano de la Ciudad Autónoma de Buenos Aires y el tejido periurbano de los partidos metropolitanos tomados como casos de estudio.
- Diseño y desarrollo de metodología "ad hoc" para el estudio de dinámica inmobiliaria y mercados de tierras del borde periurbano y el casco urbano de los municipios involucrados en el proyecto, antes y después de la aparición del espacio residencial de tipo enclave, en relación con los otros usos del suelo de su entorno (centralidades, industriales y logísticos, espacios verdes recreativos y de preservación ambiental, equipamientos de gran escala, agro-productivos intensivos, etc.), y en relación con los cambios referidos a normativa urbanística o de Ordenamiento Territorial y de realización de obra pública (infraestructura, equipamiento); identificando situaciones particularizadas de valorización diferencial e inequidad socio-espacial.
- Relevamiento y estudio de propuestas de diferentes actores involucrados (gubernamentales, organizaciones no gubernamentales, sector privado) en relación a los conflictos socio-espaciales identificados en relación al espacio residencial indagado, análisis de alternativas y formulación de recomendaciones generales y específicas, considerando muy especialmente mecanismos de distribución de cargas y beneficios por el efecto de valorización diferencial ocasionado por acción del Estado a través de normativa urbanística u obra pública.
- Producción proyectual: planteo de escenarios posibles, evaluación de alternativas y formulación de recomendaciones y criterios para la reformulación de instrumentos de planificación, normativa de Ordenamiento Territorial, y relativas a políticas de tierra y vivienda considerando los resultados de los casos de estudio, y siguiendo las premisas de gestión social de la tierra urbana, producción social de la vivienda, instrumentos de captación y redistribución de plusvalías del suelo urbano generadas por acción del Estado y demás instrumentos indagados a partir de casos exitosos de aplicación en otras ciudades y recomendaciones de instituciones académicas y científicas, y de organizaciones y redes sociales, estableciendo asimismo estrategias para la captación y redistribución del plusvalor, y la reversión o mitigación de la segregación socio-espacial y el efecto de la distribución desigual de la edificabilidad y la obra pública.
- Extensión y formación: dirección y coordinación de pasantes del Programa de Formación en Investigación de la Secretaría de Investigaciones, del Programa de Acreditación Académica de la Secretaría Académica, de la Maestría en Planificación Urbana y Regional del Programa de Voluntariado de la Secretaría de Acción Comunitaria, de la FADU-UBA.

Hipótesis orientadoras

Tras esta línea de investigación sobre política urbanística, habitacional y fundiaria subyacen las hipótesis orientadoras que se explayan a continuación.

En la ciudad de Buenos Aires y los partidos que conforman su región metropolitana, se han promovido en la década del noventa diversos procesos de densificación y expansión, que continuaron consolidándose en la primera década del siglo XXI. Uno, en relación con la oferta del sector privado a los sectores socioeconómicos alto y medio-alto, que mutaron sus patrones de consumo a raíz de factores vinculados a las transformaciones macroeconómicas e institucionales del país a partir de 1991.[5] Torres amuralladas con infraestructura especial y urbanizaciones cerradas privadas fueron los productos inmobiliarios protagonistas de este proceso. El otro, en función de la expansión del hábitat informal y subestándard de los sectores de bajos ingresos, del sesgo sectorial y el retraimiento de las políticas habitacionales y urbanísticas dirigidas a esta problemática, y de la caída de una gran masa de los sectores medios que constituyen los "nuevos pobres", y la aparición de la categoría de población "excluida".[6] Además de incrementarse las situaciones de tugurización por casas tomadas, pensiones e inquilinatos con malas condiciones de habitabilidad, y de densificarse las villas de emergencia existentes, los nuevos asentamientos precarios e informales se convirtieron en protagonistas del espacio residencial de la población excluida por el mercado y también por las políticas sociales estaduales.

Este "proceso de valorización diferencial del espacio residencial" ha contribuido a que se agudizara la polarización y segregación socio-territorial, en una ciudad metropolitana que se caracterizaba por su homogeneidad e integración, en comparación con la mayoría de las ciudades latinoamericanas. La configuración urbana resultante, es la consolidación de sus corredores residenciales norte y oeste con nuevos "productos residenciales" como las "torres y condominios amurallados" y "urbanizaciones cerradas privadas", y del área sur de la ciudad de Buenos Aires e intersticial entre las autopistas metropolitanas como espacio preferencial para la ampliación y el asentamiento de villas de emergencia, asentamientos informales, pensiones e inquilinatos tugurizados desde la lógica informal, y emplazamiento de la magra cuantía de "soluciones habitacionales" producidas desde la lógica pública.

Esta configuración espacial pone en contradicción el papel que ha jugado el Estado al posibilitar políticas urbanísticas, habitacionales, fundiarias, crediticias y

---

[5] Podemos mencionar entre otras, la reforma y ajuste estructural del Estado (entre lo que se destaca la flexibilización laboral y las privatizaciones de bienes y servicios públicos) y la implementación del Plan de Convertibilidad (que daba paridad cambiara entre el peso argentino y el dólar estadounidense), implicando por un lado la apertura económica en un mundo globalizado, y por el otro, una significativa retracción de la producción primaria y secundaria en el contexto de la retracción del Estado en su función productora de bienes y servicios sociales.

[6] Este proceso se agudizó como resultado del contexto político-económico-institucional citado, eclosionando junto con otros conflictos sociales y político-institucionales en el año 2001. Se considera que recién en el año 2003 el Estado argentino comenzó a recuperar su estabilidad y que en ese año comenzó un punto de inflexión que también supondría transformaciones en políticas sectoriales como las sociales, habitacionales y de tierras.

tributarias, que promovieron el protagonismo casi hegemónico del sector privado en la definición del desarrollo urbano en general, y del "espacio residencial" en particular, determinando la siguiente paradoja. Por un lado, el mercado inmobiliario ha producido un stock de emprendimientos residenciales de categorías "alta" y "suntuaria", que en conjunto con el mercado de la vivienda usada ociosa, el aumento de la superficie promedio de las nuevas unidades residenciales, el decrecimiento poblacional de este sector de demanda en el período Inter.-censal 1991-2001 y la disminución de su capacidad adquisitiva desde 1998 y liquidez desde la crisis del 2001, presentaba una importante tasa de vacancia, que comenzó a revertirse recién desde 2003. Por el otro, el sector público, aún luego del significativo incremento de la inversión en producción de vivienda desde 2003, no ha podido absorber la creciente demanda de los sectores medios, medio-bajos y bajos, diversificados según su nueva estructura.

Los procesos espaciales son consecuencia y expresión territorial de procesos de índole superior, claves para entender las transformaciones metropolitanas. En este sentido, globalización, reestructuración económica, flexibilización, política económica neoliberal, privatización, fueron íconos de fines del siglo xx. Tras la crisis política-económica-institucional argentina de 2002, ese paradigma de pensamiento único y gestión fue revisado, vislumbrándose a mediados de la primera década del siglo xxi, cambios y continuidades en las lógicas de producción de espacio residencial y valorización del espacio urbano, determinantes para el modelo de desarrollo socio-espacial de la RMBA (en particular socio-habitacional) en este siglo. El nuevo marco macroeconómico, político-institucional y socio-cultural posterior a la crisis argentina de 2001, ha planteado un nuevo escenario para el "proceso de producción del espacio residencial" en la ciudad de Buenos Aires, según el cual se deberían re-delinear estrategias que posicionen al Estado local en un rol activo en lo referente a la articulación de las políticas urbanísticas, habitacionales, fundiarias, crediticias y tributarias, que definen la intensidad y uso del suelo, la producción de Vivienda, la atención de las demandas socio-habitacionales insatisfechas, la orientación de la inversión en infraestructura y equipamiento, y demás factores que definen la valorización del espacio urbano en general, y el residencial en particular. Algunos indicios de este posicionamiento están dados de manera aún incipiente, no obstante, debiera repensarse estratégicamente el tratamiento integral de todos los instrumentos sectoriales, en función de un "espacio residencial" más equitativo e integrado.

Entre tanto, la RMBA ha continuado evolucionando a través de sucesivos procesos de valorización selectiva, y densificación de sus centros y suburbanización expansiva de sus bordes periurbanos, y que desde fines del siglo xx y principios del siglo xxi, más que el espacio residencial característico de los sectores medios, el tipo de espacio residencial que protagonista haya sido el de tipo enclave, característico de los rangos socio-habitacionales y socio-económicos extremos, a través de emprendimientos residenciales de alto estándar, del tipo torre amurallada con infraestructura y servicios especiales y urbanizaciones cerradas, y de nuevos asentamientos informales y densificación de villas de emergencia existentes. Las tendencias de distribución de estas modalidades de espacio residencial "sobre" y "sub" estándar en el territorio, denotan la agudización del proceso de valorización diferencial de la RMBA, y que estas tendencias son acompañadas también por las de las políticas habitacionales vigentes, por acción y/o omisión de las políticas de tierras y de infraestructura, y por la falta de eficacia de la normativa de ordenamiento Territorial y urbanística vigente. Esto se demuestra mediante observaciones como las siguientes:

• Así como el ciclo económico expansivo iniciado en Argentina en 2003, luego de la recesión de fines de los noventa y la crisis de 2001, posibilitó la recuperación de la dinámica de productos inmobiliarios de alto estándar en localizaciones selectivas,[7] la recuperación reciente del rol del Estado como productor de vivienda de interés social, luego de más de dos décadas de retracción en un contexto creciente de emergencia socio-habitacional, tampoco ha contribuido a revertir la selectividad y valorización diferencial del territorio en su lógica de localización.[8]

• Omisiones como la falta de aprobación de un Plan Urbano Ambiental junto con la continuidad de las modificaciones discrecionales del Código de Planeamiento Urbano en la ciudad de Buenos Aires, así como la contradicción de la creación de un área de desarrollo prioritario en el sur junto con la promoción de la Corporación Puerto Madero y nuevas zonas del norte y centro para atraer inversiones inmobiliarias lujosas y suntuosas, sin una política de intervención en los mercados de tierras, la baja incidencia de la Corporación Buenos Aires Sur para valorizar el sur y la prevalencia de esta postergada zona para la localización de los conjuntos habitacionales del Instituto de la Vivienda, han continuado favoreciendo las tendencias de valorización, uso y apropiación diferencial y segregación socio-espacial entre norte y sur de la CBA, quedando cada vez menos opciones de tierras con potencial para revertir esta lógica.

• En los Municipios de la RMBA se suele focalizar en los impactos que perturban el espacio periurbano a partir de la cuestión de la proliferación de urbanizaciones cerradas, sin contemplar el impacto de los asentamientos informales y viviendas de interés social que allí se siguen localizando, por falta de terrenos accesibles en la trama urbana. Asumiendo que uno de los saldos positivos de la política de vivienda desde 2003 es el incremento de la inversión en viviendas, su usual localización en zonas disociadas de la infraestructura básica presenta una contraparte contraproducente: su suma a la presión inmobiliaria de las urbanizaciones cerradas y los asentamientos informales en los bordes periurbanos.[9]

[7] Los barrios de Puerto Madero y Palermo han sido por ejemplo, los preferidos para la inversión en emprendimientos de vivienda multifamiliar durante la primera década de este siglo en la Ciudad de Buenos Aires.

[8] Los barrios planificados en el marco de la producción de vivienda de interés social, continuaron predominantemente las tendencias de localización en tierras suburbanas de baja aptitud habitacional por carencias ambientales y de infraestructura y accesibilidad relativa.

Es principalmente desde las políticas públicas desde donde se interviene en la valorización del espacio. Y la contraparte de ese proceso es la que establece las condiciones para el desarrollo urbano, siendo entre los principales factores responsables de la determinación del uso y la apropiación diferencial de esa valorización, la normativa urbanística y de Ordenamiento Territorial, los lineamientos, planes urbanos y regionales, y proyectos urbanos, la obra pública en infraestructura básica y vial y equipamiento social, la política fundiaria y tributaria en relación a la misma, y la orientación y sesgo de la política relativa a la vivienda de interés social.

La "valorización del espacio urbano" en el que operan los agentes productores de espacio residencial y sus usuarios y consumidores, está determinada por el sentido, la magnitud y la intensidad de las políticas urbanísticas, habitacionales y fundiarias y las obras públicas. Es por ello que uno de los propósitos del que forma parte nuestra línea de investigación, ha sido el monitoreo de la distribución territorial de las inversiones públicas y privadas relevantes a los procesos indagados, identificando los actores que se apropian de los beneficios derivados de las acciones públicas, reconociendo la selectividad de localización espacial de esas inversiones y la tendencia de los sectores con menores recursos a localizar su hábitat en implantaciones desechadas por la lógica mercantil. Por ello resulta relevante, la concepción integrada de:

- los procesos de producción, uso y apropiación del espacio residencial urbano metropolitano (considerando la multi-escalaridad, la multi-dimensionalidad y la multi-temporalidad de los fenómenos urbanos y metropolitanos);
- la Teoría Urbana como marco interpretativo de las distintas lógicas e intereses en pugna por el uso y la apropiación de esos espacios;
- la Política Urbanística, Habitacional y Fundiaria y la Práctica Urbanística, por su capacidad de incidir en la valorización espacial, determinando su uso diferencial;
- la Planificación Urbana como una estrategia y procedimiento, que ejercida desde el Estado, puede contribuir a orientar los procesos de densificación y expansión espacialmente selectivos y evitar o mitigar sus consecuencias perjudiciales, interviniendo en la medida necesaria para imponer el interés general al particular, y propender a una urbanización con mayor equidad socio-espacial.

Los contenidos de esta línea de investigación, se desarrollan centralmente en el proyectos UBACyT A815 *"La valorización del espacio residencial de la Región Metropolitana de Buenos Aires desde la lógica pública, privada y autogestiva"* (programación científica SECyT 2006-2009), y algunos aspectos se están trabajando en el

---

[9] El peri urbano expresa una situación de interfase entre campo y ciudad, transicional, en permanente transformación, susceptible de nuevas intervenciones, extenderse, relocalizarse, correrse ante el avance de la urbanización, cambiando sus atributos y pasando sus funciones a otros territorios perfilados como nuevos espacios periurbanos. Un territorio inestable en la constitución de redes sociales, de gran heterogeneidad en las funciones e intensidades de uso del suelo, donde el medio natural está sometido a intensas presiones. Definido por la indefinición, sus límites imprecisos, y por recibir los cambios morfológicos, funcionales y demográficos más rápidos y profundos de la región metropolitana, que lo posicionan como una cuestión prioritaria. Es precisamente por estos motivos inherentes a su naturaleza, que los procesos de producción y apropiación del espacio residencial desde la lógica informal y estatal de la vivienda de interés social lo privilegian como soporte territorial.

marco del Proyecto SIC-PUR 02/07 *"Procesos proyectuales participativos y espacio urbano"* (2007-2009). También se han trabajado estos temas en el recorte territorial de la Ciudad de Buenos Aires a través de los proyectos de investigación UBACYT A023 *"La producción del espacio residencial en la ciudad de Buenos Aires. Análisis desde la perspectiva de las políticas urbanísticas y la dinámica inmobiliaria"* (programación científica SECYT 2004-2005) y SI-U1 *"Política urbanística y dinámica inmobiliaria: la producción del espacio residencial en la ciudad de Buenos Aires"* (2005-2006). Asimismo, se ha articulado en lo referido a bancos de inmuebles con el proyecto UBACYT A038 *"La evolución de las políticas urbanísticas en la ciudad de Buenos Aires. Los bancos de inmuebles públicos como instrumentos de desarrollo económico territorial"* (programación científica SECYT 2004-2007).

02. Contexto y encuadre metodológico del estudio sobre nuevos asentamientos informales en las tierras ferroviarias en la ciudad de Buenos Aires

daniela szajnberg

Tal como se desprende de los objetivos de la línea de investigación sobre política urbanística, habitacional y fundiaria detallados en el capítulo precedente, una de sus sub-líneas apunta al análisis de la evolución del hábitat informal y precario, y su relación con las alternativas de solución planteadas por el conjunto de los actores involucrados, considerando tanto la lógica propositiva como la de acción de los sectores público, privado y autogestivo.

Las modalidades del hábitat informal y precario son diversas. Desde el punto de vista del patrón de urbanización, podemos diferenciar entre aquellas de patrón de ocupación relativamente extensiva del suelo (villas de emergencia, asentamientos informales) y las de patrón de ocupación relativamente intensivo (casas tomadas, pensiones, inquilinatos, hoteles). También hay otros rasgos diferenciales a saber. Las villas de emergencia y los asentamientos precarios suelen darse bajo la forma de ocupaciones o tomas de terrenos de dominio público y en raras ocasiones privado, a veces organizadas por agrupaciones o movimientos político-partidarios de esa forma de apropiación del "espacio urbano", otras veces a partir del asentamiento más o menos espontáneo de la población de escasos recursos económicos. Sus ocupantes residen en unidades funcionales mayoritariamente individuales materializadas mediante su autoconstrucción y en términos generales ejercen la tenencia de esas tierras en forma gratuita, es decir que no media ningún tipo de pago al propietario.[1] En cambio, el rasgo esencial de la modalidad de los hoteles familiares, las pensiones y los inquilinatos, es que la relación entre el propietario de los inmuebles y los residentes es de carácter oneroso, es decir que los residentes pagan una renta por el uso del inmueble por un tiempo determinado (generalmente se pacta por mes), que por lo general consiste en una habitación por grupo familiar o a veces habitaciones compartidas entre adultos del mismo sexo que no tienen ningún parentesco entre sí, con baños, cocinas y espacios comunes compartidos. En

---

[1] Esto no implica que en la mayoría de los casos se genere, con el correr del tiempo, una suerte de mercado interno en el que las viviendas se transan según las propias reglas de quienes detentan la tenencia de los mismos (bajo modalidades similares a la venta o al alquiler –similares porque no llegan a ser operaciones de compra-venta legales hasta tanto no se regularice la situación dominial de las mismas–.

algunos casos los hoteles establecen convenios con la municipalidad y es ésta la
que se hace cargo de la renta que ha de percibir el propietario, en el marco de las
acciones gubernamentales dirigidas a paliar provisoriamente algunos casos de
emergencia habitacional. Luego está la modalidad de las "casas tomadas" (pueden
ser casas, edificios, ex fábricas, equipamiento urbano o galpones en desuso, pero
en esta categoría se incluyen las tomas con fines exclusivamente habitacionales).
Respecto del vínculo con el propietario del inmueble, esta modalidad es semejan-
te a la de las villas.[2] Otro aspecto a destacar es que de todas las modalidades
descriptas, la de las villas y asentamientos es la que suele presentar los mayores
índices de arraigo (así como también algunos casos de las casas tomadas). La
modalidad de hoteles, pensiones e inquilinatos suele ser una opción de paso que
precede a la toma de tierras o inmuebles, al retorno a sus lugares de origen o a la
casa de familiares, o a la concreción de un contrato de alquiler (aunque muchas
veces se dé a la inversa: inquilinos desalojados que residen momentáneamente
en hoteles).

Dentro de ese universo, uno de los conflictos espaciales abordados es el de los
nuevos asentamientos informales y precarios.[3] Y dentro de la categoría conceptual
"asentamientos informales precarios", este libro presenta la especificidad de los
localizados en tierras ferroviarias dentro de la trama urbana de la Ciudad Autónoma de Buenos Aires, que han sido desafectadas de su función y sobre las que aún
no se ha definido su destino urbanístico a través del marco normativo.[4]

Así como la Teoría Urbana considera que el "espacio urbano" y su especificidad
residencial son el correlato espacial y territorial de procesos sociales, y considerando que la díada conceptual "formalidad-informalidad" aplicada a los mercados productivos o laborales, está vinculada al acceso o a la carencia de condiciones de estabilidad, cobertura de beneficios sociales e ingresos o remuneraciones obtenidos a
través de actividades legales, puede establecerse una estrecha relación entre estos
conceptos y los de formalidad o informalidad territorial. De hecho, múltiples estudios demuestran empíricamente que los procesos de generación y reproducción de
informalidad territorial recientes en la ciudad de Buenos Aires son, por un lado consecuencia de la producción del espacio formal en la ciudad a raíz de la imperfección
del mercado inmobiliario y, por el otro, derivación de los efectos de deterioro del

---

[2] Esta tipología a veces se presta a operaciones de alquiler fraudulentas donde generalmente los
"inquilinos" son los estafados y los propietarios se ven damnificados.

[3] Los "asentamientos informales precarios" se distinguen de aquellos considerados como "villas de
emergencia", por cuanto las "villas" están reconocidas por las políticas habitacionales y urbanísticas de la Ciudad de Buenos Aires, no corriendo la misma suerte los espacios categorizados como
"asentamientos".

[4] En este sentido, existen diferentes estados de situación, que van desde la transferencia de inmuebles
por parte del Estado a particulares y organizaciones sociales y empresariales, hasta la asignación de
Distrito UF (urbanización futura) en el Código de Planeamiento Urbano a las tierras involucradas o la
indefinición espacial de las estrategias del Plan Urbano Ambiental aprobado en primera lectura por
la Legislatura de la Ciudad Autónoma de Buenos Aires a fines de 2007, en el marco de la normativa
urbanística que rige a la ciudad.

tejido socio-espacial acaecido especialmente en los años noventa por inestabilidad laboral y empresarial, disminución o deterioro del sistema de servicios sociales y las remuneraciones económicas. Incluso hay quienes plantean una aproximación cada vez mayor hacia el desdibujamiento de los límites teóricos y empíricos entre "formalidad" e "informalidad". Pero en el campo de la satisfacción de una necesidad básica como la vivienda, en el sistema capitalista y más aún, en períodos de agotamiento o ausencia de la modalidad del Estado de Bienestar, esta frontera suele no existir, ya que por su propia naturaleza el concepto de salario de la fuerza de trabajo presenta serias limitaciones para garantizar el acceso a cierto tipo de bienes o servicios como es el caso de la vivienda dentro de un radio geográfico vinculado al mercado de trabajo, y además porque en el contexto macroeconómico neoliberal prevaleciente desde fines del siglo xx, es habitual que domine el concepto de vivienda como valor de cambio por sobre el de valor de uso, con las consecuentes complicaciones que ello implica en el mercado formal de la vivienda. Es este el estado de la cuestión del déficit parcial o total de vivienda para los sectores populares de los trabajadores, que se suma al de los grupos excluidos del sistema formal de producción y trabajo y del acceso formal a servicios y bienes materiales y de consumo.[5]

Es precisamente por estas falencias del sistema capitalista y del mercado inmobiliario y de vivienda, que existen las políticas estatales sociales entre las cuales se encuentran las de vivienda.[6] Pero cuando éstas son parciales, insuficientes o ineficaces, los trabajadores o simplemente quienes detentan la condición de seres humanos en un mundo donde prevalece cada vez más la condición urbana, construyen sus viviendas en los terrenos que el mercado inmobiliario no usa, desecha o por los que no presenta interés, mediante un modo de producción y apropiación espacial por fuera del mercado formal. Generalmente se trata de inmuebles ubicados en zonas de malas condiciones ambientales, o lejanas y sin uso ni usufructo, la mayoría de las veces constituido por tierras vacantes de dominio fiscal, e incluso de dominio privado pero con conflictos dominiales asociados a trámites contradictorios de sucesión o con herencias vacantes, que suelen también acumular deudas por falta de pago de tasas e impuestos. También

[5] Esta línea de investigación adhiere al concepto de "servicios habitacionales" acuñado por Oscar Yujnovsky, el cual remite a un concepto más amplio de vivienda, como configuración de servicios habitacionales que deben dar satisfacción a necesidades primordiales como el albergue, el refugio, la protección ambiental, el espacio para la vida de relación, seguridad, privacidad, identidad, accesibilidad física a los lugares de trabajo, abastecimiento, compras, a los equipamientos educacionales, culturales, de salud. Y este concepto está estrechamente ligado al de mercado de tierras como insumo del mercado de servicios de vivienda, y al hecho de que no todos los sub-mercados son accesibles para la población, ya que la pertenencia a una determinada clase social es la que otorga o no la posibilidad de sostener una demanda económica de servicios habitacionales.

[6] Conceptualmente, la "vivienda de interés social" que es uno de los ejes centrales de las políticas habitacionales del Estado, constituye una necesidad disociada del salario, como ocurre con otro tipo de bienes durables, y la principal diferencia de conceptualización entre la política habitacional del Estado liberal y el Estado de Bienestar, es que en el primer caso prevalece la vivienda social como elemento indispensable para la reproducción de la fuerza de trabajo, mientras que en el segundo, viene a garantizar el consumo en el marco de una red de contención social.

suelen darse situaciones indefinidas en muchas de las tierras ocupadas[7] con asentamientos, por falta de asignación de normativa urbanística o regularización catastral, o porque se trata de inmuebles considerados como reserva para futuras expansiones urbanas o equipamientos urbanos, que son de dominio público o están administrados por organismos públicos, que ejercen incorrectamente u omiten las acciones de cercado, vigilancia y mantenimiento de los mismos. Esta modalidad habitacional, la mayor parte de las veces termina pasando de transitoria a permanente, dando lugar incluso, a la sucesión generacional reiteradamente de las mismas condiciones socio-habitacionales de informalidad y precariedad, generándose así nuevas condiciones de arraigo basadas en las ventajas comparativas de la ciudad de Buenos Aires para la proliferación y consolidación de legítimas[8] relaciones inter e intra-barriales de proximidad a los mercados formales e informales de consumo, comercialización y circulación de bienes y servicios, que se dan entre cohabitantes de estos asentamientos, y entre ellos y el resto de los vecinos del barrio en que se insertan.[9]

Si bien las condiciones de informalidad y precariedad del espacio residencial en países de América Latina, y en la especificidad de la Argentina, no son fenómenos urbanos nuevos, con altibajos según el sentido y signo de las políticas estructurales y coyunturales implementadas por el sector público y el devenir cíclico del contexto económico general y local, el crecimiento de la pobreza y del déficit socio-habitacional acaecido a partir de la década de los noventa no tuvo prácticamente precedentes. Fue en ese período, que la bajada territorial de los procesos mundiales de globalización y reestructuración económica en Argentina, a través de líneas políticas de corte neoliberal, como la convertibilidad cambiaria con la moneda estadounidense, la apertura económica, el ajuste estructural, las reformas estaduales que dieron lugar a las políticas de flexibilización laboral, descentralización y privatización de bienes y servicios públicos, dejaron una huella hasta el momento indeleble en el espacio urbano de la mayoría de sus grandes ciudades, que se agudizó con la crisis política, institucional y financiera del año 2001. Todo esto dejó, entre otros impactos, un tejido socio-habitacional deteriorado y caracterizado por la densificación de las villas de emergencia existentes, el aumento de las situaciones de inmuebles tomados u ocupados y de población alojada en hoteles, pensiones e inquilinatos tugurizados y la aparición de numerosos nuevos asentamientos informales y

---

[7] Ocupados (según la terminología de sus ocupantes) o intrusados (en la terminología gubernamental y jurídico-administrativa).

[8] Se hace hincapié en la diferencia entre legitimidad y legalidad. La legalidad es un ttérmino utilizado por las disciplinas jurídicas, que en el derecho Argentino hacen prevalecer el derecho sobre las cosas, entendiéndose como una de ellas las propiedades inmuebles, entre estos, las tierras. No hacen necesariamente referencia a la legitimidad social.

[9] Sin ser exhaustivos, podemos mencionar como ejemplo de estas interrelaciones, desde la mejor accesibilidad a equipamientos sociales como las escuelas y los hospitales, hasta la reducción de los costos de transporte por motivos laborales, la empatía cultural y de identificación entre cohabitantes de los asentamientos o las necesarias interacciones de intercambio comercial o de trueque de bienes o servicios generados bajo la modalidad de economía popular urbana.

precarios. En realidad el proceso de densificación de la Ciudad de Buenos Aires no sólo fue protagonizado por el espacio residencial de la pobreza, sino que también hubo una fuerte impronta de terminación de algunos tejidos urbanos existentes y densificación e incluso de urbanización de nuevas áreas de la ciudad, mediante la proliferación de productos residenciales especiales, destinados al otro fragmento de la población desprendido de la tradicional clase media durante los noventa, que constituyó el sector medio-alto. Estos productos residenciales multifamiliares bajo la modalidad de torres amuralladas con infraestructura y servicios especiales, al igual que los asentamientos informales y villas, ha promovido la proliferación de enclaves en medio del tejido urbano, y juntos han profundizado la tendencia hacia dos tipos de segregación socio-espacial: por un lado la consolidación de enclaves residenciales de "riqueza" hacia el norte de la ciudad y de "pobreza" hacia el sur, y por el otro, situaciones de micro-segregación barrial entre los enclaves residenciales propiamente dichos su entorno barrial inmediato, transformándose significativamente la configuración territorial de la ciudad.[10]

Organismos oficiales como la Auditoría del Gobierno de la Ciudad de Buenos Aires, estimaban en alrededor de 130000 los habitantes solamente en las villas tradicionales de la Ciudad de Buenos Aires al año 2006 (un 30% más que la población censada al año 2001 en esa situación), con aproximadamente 37000 hogares distribuidos en 27000 viviendas. La defensoría del Pueblo de la Ciudad de Buenos Aires ha contabilizado según un informe propio, 37 nuevos asentamientos con alrededor de 6700 familias y casi 27000 habitantes. Según esta fuente oficial, al año 2000 había 12 asentamientos de este tipo, lo que indicaría un crecimiento de casi el 70% en lo que va de la primera década de este siglo. También hubo estimaciones difundidas por medios periodísticos masivos, de que serían alrededor de 60 la cantidad de nuevos asentamientos informales en esta misma ciudad.

Un rasgo también diferencial de estos nuevos asentamientos respecto de las villas tradicionales registradas, es la tendencia de localización. A diferencia de las villas, que están concentradas prioritariamente en la zona sur de la ciudad de Buenos Aires, estos nuevos asentamientos se localizan de manera más dispersa, pudiéndoselos encontrar también en similar proporción, en la zona oeste y noroeste de la ciudad. La mayoría de estos asentamientos se ubica en proximidades o dentro de predios vinculados a funciones ferroviarias o viales, por lo general inactivas, y todos ellos están excluidos de las políticas urbanísticas, habitacionales y de tierras o fundiarias, ya que no son reconocidos como tales por las líneas políticas gubernamentales, a excepción del área de acción social que históricamente ha brindado servicios paliativos parciales, disgregados y temporarios, para atender las situaciones de emergencia e implementar algunas acciones de prevención,

---

[10] El detalle y desarrollo de este proceso de densificación de la Ciudad de Buenos Aires se encuentra en la Tesis de Maestría en Planificación Urbana y Regional - FADU-UBA de Daniela Szajnberg *"El proceso de densificación del espacio residencial de la ciudad de Buenos Aires desde los años noventa"*, finalizada en el año 2006 y defendida públicamente en 2007.

especialmente en temas de niñez. El Gobierno de la Ciudad de Buenos Aires reconoce oficialmente 18 villas. Entre ellas podemos citar por ejemplo, la Villa 1-11-14 (Bajo Flores), la Villa 21-24 (Barracas), la Villa 31 y 31 bis (Retiro), la Villa 15 (Villa Lugano), Villa 20 (Villa Soldati). Una de las formas de reconocimiento de estos asentamientos como villas, y por ende incluidos en las políticas estatales en las instancias de planificación y en algunos casos a través de acciones de regularización, es la asignación de destino urbanístico a través de la normativa del Código de Panificación Urbana: en 1991 por Ordenanza N° 44873 y Decreto N° 1531 se establecían las normas urbanísticas para el Distrito U31. Los Distritos U (Urbanización Determinada) según el Código de Planeamiento Urbano son los referidos a áreas urbanas con características diferenciales que necesitan ser objeto de regulaciones integrales en materia de uso, ocupación, subdivisión y estética urbana. Se les asignó el Distrito de Urbanización Determinada U31 a las villas a urbanizar, el cual adoptó indicadores urbanísticos y normas de tejido que propendieran al reconocimiento de los hechos existentes, a la futura integración de su trama con la de la ciudad consolidada, a la inclusión de trama vial y apertura de calles, a aceptar medidas de parcela mínima y de subdivisiones por debajo de las requeridas para los loteos del mercado formal con el fin de facilitar la absorción de las altas densidades de la mayoría de las villas ante un recurso escaso como la tierra, a homologar los usos permitidos con los de los distritos que mixturan usos residenciales con actividades productivas, comerciales o de servicios compatibles, y a la definición de los requerimientos de cesión de espacio público para equipamiento comunitario. También estas villas fueron incluidas como destinatarias de los Programas como el Plan Radicación, Integración y Transformación de Villas y Barrios Carenciados (PRIT)[11] y un año después, en 1999, los documentos formulados en el marco del Plan Urbano Ambiental que se dieron a conocer públicamente por entonces, reconocían estas villas. Y ninguno de estos ámbitos o instrumentos similares, a excepción de la Defensoría del Pueblo de la Ciudad Autónoma de Buenos Aires, ha reconocido a *posteriori* los nuevos asentamientos informales densificados o surgidos desde entonces.

Con la transformación de la Comisión Municipal de la Vivienda (CMV) en el Instituto de la Vivienda de la Ciudad (IVC),[12] si bien se arribó a mejores indicadores de eficiencia de ejecución presupuestaria[13] y se sextuplicaron los montos asignados

[11] Con el objeto central de invertir de fondos públicos para la construcción de viviendas y provisión de infraestructura básica, mediante sub-programas de apertura de calles, viviendas colectivas, vivienda individual, reordenamiento parcelario, saneamiento ambiental (servicios de agua, cloacas, desagües pluviales, electricidad), equipamiento comunitario y de mantenimiento y mejoras.

[12] Creado por Ley 1251 promulgada el 4 de diciembre de 2003.

[13] Con grandes cuestionamientos ya que el grado de ejecución presupuestaria en relación al presupuesto asignado es muy baja. A modo de ejemplo, puede mencionarse que en el año 2006, se ejecutó poco más del 20% del presupuesto asignado, mientras que el déficit habitacional se mantuvo prácticamente indemne. También pueden citarse las serias deficiencias de programas como el de autogestión de la Vivienda por cooperativas con origen en la Ley 341, ya que la mayoría de las cooperativas, salvo excepciones como el caso paradigmático del MTL, pasan por serias dificultades para solventar gastos iniciales como la compra de tierras para la ejecución de sus proyectos de vivienda.

al presupuesto en Vivienda, no se ha logrado aún revertir significativamente el déficit habitacional, ni el relativo a los nuevos asentamientos informales y casas tomadas, ni el de las antiguas villas de emergencia, salvo contados casos. El IVC se presenta como el organismo a cargo de planificar y desarrollar los planes de acceso a la vivienda en la ciudad de Buenos Aires, mediante acciones como la construcción, la urbanización de tierras, villas, asentamientos y núcleos habitacionales transitorios, la promoción de la vida comunitaria, y políticas de crédito y operatorias que promueven políticas autogestivas y cogestivas y la articulación con otros organismos de la Región Metropolitana de Buenos Aires. Los programas en vigencia al año 2007, han sido:

- Radicación, Integración y Transformación de Villas y Núcleos Habitacionales Transitorios
- Operatoria Terreno, Proyecto y Construcción
- Viví en tu casa
- Recuperación Urbana de Edificios Existentes
- Rehabilitación del Hábitat de La Boca
- Recuperación de la traza de la ex Autopista 3
- Rehabilitación del Conjunto Habitacional Colonia Sola
- Autogestión para la Vivienda (PAV)
- Nuestra Casa (de Ahorro Previo para Organizaciones Sociales)
- Vivienda Porteña
- Rehabilitación y Mantenimiento de Conjuntos y Barrios Construidos por la ex CMV
- Regularización Jurídica y Financiera
- Programa de Asistencia Integral a Consorcios
- Créditos individuales
- Programa Mejor Vivir

El Programa con mayor presupuesto asignado es el de Radicación y Urbanización de Villas y Barrios Carenciados (establecido en la Ley 148) este está formulado desde una concepción integral, ya que sus obras incluyen además de la construcción de viviendas, la apertura y pavimentación de calles; la dotación de servicios de infraestructura básica (agua, cloacas, desagües pluviales, electricidad); el acceso directo a recorridos del transporte público, equipamiento comunitario (salud, deportes, educación, cultura, comedores, espacios verdes, entre otros); así como prevé también la continuidad con la trama urbana barrial, el reordenamiento parcelario en concordancia con la normativa vigente y en consenso con los vecinos, apoyo económico con materiales y asistencia técnica para los casos de autoconstrucción, atención de situaciones de emergencia sanitaria y habitacional, relevamientos y censos socio-habitacionales periódicos, y confección de padrones electorales. Pero este programa, que involucra la construcción de 25000 viviendas y sus correspondientes obras de infraestructura, ha sido dirigido considerando solo 16 villas. Esto no incluye los otros asentamientos, los cuales tampoco han sido explícitamente incorporados en los demás programas vigentes.

La tierra, como soporte territorial de las actividades humanas o como mercancía es un insumo relevante en cuanto a las políticas habitacionales, entrando en juego muchas variables, entre las que nos interesa destacar su precio y la accesibilidad social. El precio de la tierra urbana es resultado de la articulación de distintos tipos de renta, en las que la intervención del Estado juega un papel importante; definiendo la normativa urbanística, las condiciones de propiedad y las formas de parcelamiento, aunque la figura del derecho de propiedad también asigna un papel importante a sus propietarios que pueden ser particulares o gubernamentales. En particular, se considera al suelo urbano como un recurso estratégico para orientar las líneas políticas de gestión urbana, es por ello que la tierra vacante, la modalidad que se adopte en la asignación de su destino urbanístico y su incorporación al mercado inmobiliario o en su función social, depende del resultado de la articulación de los intereses y las estrategias de los distintos actores y agentes urbanos. Esto lleva implícito diferencias no solo entre el sector público y el privado, sino también al interior de los distintos estamentos estatales. En este sentido, se ha instalado en ciertos ámbitos político-técnicos, académicos y profesionales, el concepto de "banco de tierras" como instrumento de desarrollo urbano, inclusivo del desarrollo territorial en el campo socio-habitacional y socio-económico. Y tratándose de bancos de tierras públicos, se destaca su potencial para la planificación e implementación de gestiones urbanas progresistas y con justicia social.[14]

En la ciudad de Buenos Aires hay, y ha habido en distintas oportunidades, un importante *stock* de tierras vacantes o sub-utilizadas, con un vasto abanico de situaciones dominiales y de tenencia, muchas de ellas fiscales, de diferentes niveles estatales, sobre las que no ha habido resultados positivos en cuanto a las estrategias públicas existentes, sea por omisión o por superposición de intereses y perspectivas, no sólo entre el sector público, el privado y el tercer sector de la sociedad, sino también entre distintos estamentos y áreas del sector público. Sobre este tipo de inmuebles, es decir tierras vacantes o subutilizadas, muchas de ellas pendientes de saneamiento ambiental, se dan las mayores presiones de los procesos de ocupación por parte de grupos sociales excluidos que materializan allí sus precarios asentamientos informales, y en caso de tratarse de tierras con buena localización. En nuestro país, y más precisamente en la ciudad de Buenos Aires, existen antecedentes e instrumentos para la intervención en los mercados de suelo urbano. Podemos citar en un extremo la figura de la expropiación; en el otro, la de un organismo puesto en funcionamiento en el año 2000, la Corporación Buenos Aires Sur Sociedad del Estado, que fue creado con el objeto de recuperar, revitalizar y desarrollar de manera integral el área más deteriorada y menos desarrollada de la ciudad, a partir de la valorización de inmuebles fiscales

---

[14] En este sentido, se destaca la reciente experiencia brasileña en curso: con la aprobación de la Ley Federal N° 10257 en 2001 *("Estatuto da Cidade")* se incorporó la función social del derecho de la propiedad inmobiliaria urbana y de la ciudad. Esta ley otorga al poder público el poder de determinar la medida del equilibrio entre los intereses individuales y colectivos en cuanto a la utilización del suelo urbano.

en su polígono de acción, y de la promoción de proyectos en ellos y otros de dominio privado a partir de nuevas formas asociativas entre actores sociales. También se han propuesto instrumentos con injerencia en el mercado de tierras urbanas en los documentos del Plan Urbano Ambiental, como por ejemplo la constitución de un banco de tierras. El "banco de tierras" es también una figura fundamental en la normativa constitutiva del Instituto de la Vivienda de la Ciudad puesto en vigencia en el año 2003. Pero a pesar de las variadas opciones de instrumentos urbanísticos y figuras legales con que se cuenta, en la ciudad de Buenos Aires aún se da la inexcusable contradicción de la existencia de considerables extensiones de tierras vacantes y tierras con usos obsoletos o desactivados que fueron ocupados con asentamientos informales precarios, siendo que una de las grandes falencias de gestión es la omisión de asignación de destino urbanístico sobre las mismas. Esta reserva de tierras, la mayoría de ellas en situación conflictiva, evidencia la falta de definición de las políticas públicas urbanísticas, habitacionales, fundiarias, y muy especialmente, las dirigidas a los sectores sociales con menores posibilidades de acceso a la vivienda y los servicios y equipamientos sociales. Todo ello, a pesar de existir materialmente la tierra como insumo potencial de dichas políticas, lo que da cuenta de una sucesión de gestiones ineficientes para resolver la cuestión, tanto de la falta de asignación de destino urbanístico a esos inmuebles, como la del déficit habitacional creciente, lo que se ha agravado últimamente, frente a la presión del mercado inmobiliario dinamizado a partir del año 2003.

Ante este estado de situación, el gobierno local suele adoptar distintas actitudes frente a las ocupaciones con asentamientos humanos de esas tierras en situación dominial, urbanística o de uso indefinida. Todo depende del signo político-ideológico de los funcionarios, decisores ejecutivos y legislativos; de la puja de intereses entre los distintos actores urbanos que pueden ser locales, extra-locales y supra-locales; y de las condiciones intrínsecas de los inmuebles involucrados.

El IVC cuenta entre sus injerencias con la de la creación de su banco de tierras y hogares en tránsito, dado que para concretar efectivamente la urbanización de las villas es necesario disponer de tierras para absorber el creciente exceso de densidad de las villas a urbanizar,[15] y la tierra vacante o disponible es un recurso cada vez más escaso en la ciudad de Buenos Aires, tanto por la reactivación del mercado inmobiliario en los últimos años, y por la ampliación del proceso de ocupación de tierras para constituir los nuevos asentamientos informales. A mediados de la primera década de este siglo se creó el Banco de Tierras e Inmuebles, conformado por las tierras e inmuebles que el Gobierno de la Ciudad Autónoma de Buenos Aires, el Estado Nacional, Provincial o Municipal o entidades privadas transfiriesen al IVC y que fueran aptas para la construcción y/o uso de vivienda.[16] Asimismo se instruía

---

[15] Especialmente, con el fin de realojar en hogares de tránsito a pobladores, y así liberar tierras para las construcciones nuevas donde se reubican los mismos una vez finalizadas las obras.

[16] Ley Nº 1555 sancionada por la Legislatura de la CABA el 9 de diciembre de 2004 y promulgada por Decreto del GCBA Nº 37 el 11 de enero de 2005.

al Poder Ejecutivo del GCBA, a remitir a la Legislatura un listado de tierras e inmuebles que no tuviesen destino específico y fueran aptos para el desarrollo de planes de vivienda, a los fines de su transferencia al Banco de Tierras en cuestión.

La nueva gestión municipal de la ciudad de Buenos Aires ha previsto el traspaso de estas misiones y funciones referidas a la urbanización de villas de la zona sur de la ciudad, a otro organismo, la corporación Buenos Aires Sur Sociedad del Estado, pero nuevamente referido sólo a las villas y sin referencia a los asentamientos.

Lo anterior conlleva una reflexión: las condiciones de segregación socio-espacial no son solamente determinadas por el sector privado y, en este sentido, los demás actores involucrados tienen mucho campo de acción potencial, aún no explorado o puesto en práctica. Por otra parte y así planteado, por inercia propia de todos los actores involucrados, la informalidad y precariedad de estos asentamientos no parece tener solución ni a corto ni mediano plazo, ya que es muy escasa su incidencia y a tasas menores que el crecimiento del déficit habitacional en la ciudad, lo que se agrava si se considera que como estas aún no cuentan con el mismo nivel de organización interna que las villas tradicionales, las cuales incluso están vinculadas en redes como FEDEVI, el flagelo de las adicciones vinculadas a la pobreza y la extrema exclusión, amenaza seriamente el futuro de sus pobladores más jóvenes.[17] Y tampoco cuentan los pobladores de estos asentamientos con el ejercicio en prácticas colaborativas o de intercambio, salvo excepciones, como sí acontece en las villas. Basta como ejemplo la sucesión de episodios más recientes que es descriptiva de la situación de desigualdad que acomete a los pobladores de las dos modalidades residenciales mencionadas de la ciudad de Buenos Aires, las villas de emergencia y los asentamientos informales: mientras que la suerte de la mayor parte de los pobladores del asentamiento "Delta Sur" localizado en tierras ferroviarias de los barrios de Barracas-Parque de los Patricios, fue la erradicación violenta y compulsiva para transferir las tierras a la Unión Industrial Argentina, el intento de realización de un polo productivo farmacéutico en tierras correspondientes al Distrito u8 del barrio de Villa Soldati-Villa Lugano donde se localizaba un depósito de chatarra automotor administrado por la Policía Federal, terminó siendo desmantelado como resultado de la lucha de los vecinos organizados de la Villa 20, asignándose al Instituto de la Vivienda esas tierras para la realización de viviendas para posibilitar la urbanización de Villa 20.[18]

Los asentamientos informales precarios presentan varias tipologías. Entre ellas, en este libro se expone el caso de los localizados en tierras vinculadas a la actividad ferroviaria de la ciudad. El tema especialmente abordado tiene que ver con el

---

[17] Tal como ocurre en asentamientos como el de la calle Pinedo a la vera de las vías del ferrocarril en el barrio de Barracas.

[18] Por Leyes 1770 y 1853 del año 2005 la Legislatura de la Ciudad Autónoma de Buenos Aires afectó esas tierras a la urbanización de la Villa 20, dando intervención al Instituto de la Vivienda de la Ciudad, y garantizando la participación de los vecinos en la evaluación de las alternativas y en la formulación de las pautas de urbanización, con instancias de exposición y debate sobre la evolución del proceso de implementación.

desarrollo y crecimiento acelerado de nuevos asentamientos en los terrenos ferroviarios que, producto de la concesión de la red ferroviaria, del desmantelamiento de la misma y de la red productiva nacional; hacia fines del siglo xx, han quedado sin función dado la obsolescencia de su antiguo uso como playas de maniobras y depósitos de mercaderías. Las tierras e inmuebles involucrados en este proceso, inicialmente fueron administradas por un organismo autárquico nacional, el Ente Nacional de Administración de Bienes Ferroviarios (ENABIEF) y luego por el Organismo Nacional Administrador de Bienes del Estado (ONABE). El Decreto 1090/97 del Poder Ejecutivo Nacional que instruye la desafectación de las tierras ferroviarias en cuestión (y también otras fuera de la ciudad de Buenos Aires) hace referencia en su artículo cuarto, al destino de los inmuebles a desafectar: centros de trasbordo multimodal de pasajeros, parques y plazas públicas y construcción de viviendas y explotación de locales comerciales. El Anexo I del Decreto 837/98 del Poder Ejecutivo Nacional contiene la nómina de playas de cargas a desafectar, resultando que en la ciudad de Buenos Aires las elegidas fueron las estaciones Pueyrredón, Palermo, Federico Lacroze, Caballito, Retiro, Solá, Colegiales, La Paternal y Sáenz.

El Código de Planeamiento Urbano de la ciudad de Buenos Aires asigna a estos espacios urbanos, provisoriamente, el distrito Urbanización Futura (UF). Por definición oficial, se trata de terrenos de propiedad pública, aún no urbanizados u ocupados por instalaciones y usos pasibles de remoción futura, así como a las tierras destinadas a uso ferroviario, zona de vías, playas de maniobras, estaciones y terrenos aledaños a esos usos. Y estos distritos están destinados a desarrollos urbanos integrales que exigen un plan de conjunto previo, en base a normas y programas especiales. Por disposiciones particulares en este distrito sólo puede mantenerse el uso o estado actual y sólo se permiten obras de mantenimiento y explotación mientras tal uso o estado no se extienda, cambie o modifique, y siempre que los mismos sean compatibles con las zonificaciones adyacentes. La situación existente, sólo puede ser modificada en casos específicos, y deben tenerse en cuenta también disposiciones específicas en cuanto a las distancias de las edificaciones a las vías de circulación, a los anchos mínimos de las mismas, a las reservas para espacios verdes y parques, entre otras.

El proceso del Plan Urbano Ambiental del Gobierno de la ciudad de Buenos Aires ha dedicado uno de sus documentos al tratamiento de estos temas. Se trata del documento "Programa de cambio de usos de playas ferroviarias de carga" difundido por la Secretaría del Plan Urbano y el Consejo del Plan Urbano Ambiental hacia fines de la década de los noventa, en el cual se realizó una caracterización urbanística apuntada a la identificación de determinantes y posibilidades de reconversión de esas tierras, haciendo eco de algunos criterios estratégicos contenidos en el artículo N°14 de la Ley N° 71 aprobada en 1998. Especialmente en lo referido a la transformación de la estructura urbana centralizada en una estructura policéntrica que, en concordancia con el proceso de descentralización en comunas, atienda a la promoción de nuevas centralidades y al refuerzo de las identidades barriales. Asimismo, en lo relativo a reconvertir espacios productivos, renovar áreas degradadas y recuperar espacios vacantes o con actividades obsoletas, según coexistencia de usos funcional y ambientalmente compatibles. En cuanto a las demandas urbanas destacables, este mismo documento priorizaba las relacionadas al sistema de transporte urbano, especialmente centros de trasbordo y estacionamientos disuasivos para el transporte automotor, y equipamientos sociales y recreativos. Y también se hacía referencia a la oportunidad que presentaba esa reserva de tierras no renovable para la generación de nuevos espacios de oportunidad para desarrollos urbanísticos para contribuir a transformar cualitativamente sectores urbanos estratégicamente distribuidos en el espacio urbano, para la localización de actividades comerciales y administrativas y la creación de oferta habitacional.

También hacia fines de los años noventa, se estableció un debate legislativo sobre algunas variables referidas a la definición de los usos futuros de esas tierras, que fue consensuado en su momento entre 65 y 70% para uso público, y entre 30 y 35% para usos conformes.

Si bien cada caso presenta sus propias particularidades, son pocas y erráticas las definiciones concretas acerca del destino de estas tierras, tanto desde el punto de vista de las necesidades globales de la ciudad, como desde la situación dominial, los mecanismos de transferencia y del destino de los pobladores que allí han materializado su hábitat. Precisamente, respecto de esto último, ha habido al menos avances y consensos conceptuales referidos a lo que se ha dado en llamar "producción social del hábitat". Como una de las modalidades de autoproducción de vivienda por parte de los grupos sociales de menor nivel socio-económico, la producción social del hábitat refiere a situaciones de índole individual-familiar hasta las de índole colectivo-organizado, desde etapas iniciales como los procesos de toma y ocupación de tierras hasta la materialización cooperativa de conjuntos habitacionales, siendo el rasgo central de esta modalidad, la colocación del nivel decisional acerca del proceso productivo del hábitat en poder de los propios pobladores/productores. La Coalición Internacional para el Hábitat ha promovido la conceptualización de estas prácticas sociales como "producción social del hábitat" en el contexto del inicio del nuevo milenio, y el debate sobre el crecimiento del déficit habitacional, el alejamiento de los compromisos y las acciones del sector público respecto de las demandas reales y la asimetría entre los actores involucrados, y la creciente presión de los efectos del avance del mercado y las políticas neoliberales imperantes en el mundo. La modalidad de "producción social del hábitat" procura revalorizar, sistematizar, sostener y fortalecer las capacidades de los sectores populares y sus organizaciones, como punto de arranque hacia la transformación de su hábitat y de grandes extensiones de la ciudad en general. Es decir, apunta a reconocer las fortalezas y oportunidades de una práctica social de larga data y gran alcance, históricamente estigmatizada, socialmente perseguida, jurídicamente penalizada y políticamente negada, que en muchos aspectos ha recreado informalmente la dinámica de los mercados inmobiliarios formales. La autoproducción puede incluir o no mecanismos de autoconstrucción, pues también es abierta a la delegación de la instancia de diseño y/o ejecución en equipos técnicos con o sin fines de lucro, y lo que se suele priorizar como rasgo central cuando la auto-producción articula con el sector público, es la reducción de los procesos burocráticos innecesarios, la ampliación de la base de la participación, la retransmisión y replicación de las experiencias auto-productivas y la complementariedad con la lógica de la "economía popular".

El enfoque de la auto-producción puede ser apoyado por las políticas públicas como una de las múltiples alternativas de producción, uso y apropiación de la ciudad y el hábitat. También puede aprovecharse como excusa para revertir en algún grado las situaciones de segregación socio-espacial que proliferan en la ciudad de Buenos Aires. Algunas políticas pasadas y otras vigentes, han sido formuladas, con distintos resultados, en el marco de esta concepción.[19] Por ejemplo las de regularización dominial, mejoramiento barrial, autogestión de la vivienda o emergencia habitacional. Pero ni individualmente ni en su conjunto han sido suficientes o de impacto significativo, ni en términos cuantitativos ni cualitativos, como el factor localización.[20] En este sentido, y desde el encuadre de los "imaginarios urbanos", cabe señalar que los nuevos asentamientos informales se presentan como invisibles para las políticas urbanas contemporáneas, transforman a importantes extensiones de la ciudad en porciones de "no ciudad" y a sus pobladores, en excluidos simbólicos de la misma aunque físicamente allí se encuentren. Finalmente, el círculo vicioso se retro-alimenta: la "invisibilidad" de esta "no ciudad" tiene influencia decisiva

[19] El último informe del GCBA del año 2007 referido a la política habitacional, había estimado que la urbanización de las 14 villas que reconocían en la CBA, demandarían 4650 millones de pesos, de los cuales $ 3300 millones deberían destinarse a la construcción de viviendas nuevas, 206 millones de pesos a la compra de terrenos, 263 millones de pesos a la mejora de las casas existentes, y 881 millones de pesos a la inversión en infraestructura (apertura de calles, cloacas, desagües y otros servicios).

[20] A modo de ejemplo, podemos observar que la estrategia de política urbana en lo referido al problema socio-habitacional de las villas de emergencia, por parte de la nueva gestión del Gobierno de la Ciudad de Buenos Aires iniciada a fines del año 2007, apunta a la urbanización de las villas del sur de la ciudad, introduciendo un cambio significativo: trasladando las misiones y funciones relativas a la materialización de la urbanización que originalmente correspondían al IVC, a la corporación Buenos Aires Sur Sociedad del Estado. Esto presupone la exclusión de las villas ubicadas por fuera del polígono de acción de ese organismo, como ocurre con las Villas 31 y 31 bis en el barrio de Retiro, ubicada en una localización con una larga disputa entre sus pobladores actuales y algunos agentes económicos que pretenden realizar allí sus inversiones, en un conflicto histórico en el que también las sucesivas gestiones locales han ido adoptando posicionamientos diferenciados sin arribar a soluciones fehacientes. A principios del año 2008, comenzó a conformarse un asentamiento precario en tierras de Barrancas de Belgrano, a raíz del conflicto de los cartoneros por la suspensión del servicio ferroviario gratuito para el traslado de sus mercancías, que fue erradicado casi inmediatamente de manera compulsiva, por requerimiento del GCBA. Asimismo, representantes de la actual gestión del GCBA, han advertido que en breve se procederá a la erradicación del asentamiento Rodrigo Bueno ubicado entre la Reserva Ecológica y las tierras de la ex Ciudad Deportiva de La Boca donde está prevista una urbanización de alto estándar denominada Santa María de los Buenos Aires. Otro antecedente ha sido el desalojo del edificio de las ex bodegas Giol en tierras de la estación ferroviaria Pacífico del barrio de Palermo, que había sido abandonada en 1989 y ocupada por 200 familias, que fueron desalojadas compulsivamente en 1994 para dar lugar a desarrollos urbanístico aún en marcha, entre ellos, una sede de la Comisión Nacional de Ciencia y Tecnología, un parque y un museo de ciencias y también torres de viviendas. Pero a lo que apuntamos con este comentario, es a confirmar, una vez más, el rasgo de discriminación que presentan este tipo de lineamientos políticos que refuerzan las tendencias de segregación socio-espacial, propulsando una ciudad escindida entre ricos al norte, donde están dadas las mejores condiciones de mantenimiento urbano, accesibilidad vial, de equipamientos e infraestructuras, y los pobres al sur, donde las condiciones urbanas son relativamente inferiores relación a las del norte de la ciudad, especialmente en materia ambiental y también de seguridad.

en la formación de conciencia de los demás habitantes de la ciudad y los directamente involucrados en esos asentamientos, y así, los excluidos en la ciudad hegemónica son vistos como minoría, y probablemente excluidos de las políticas urbanas y de las miradas de los vecinos, a excepción de ocasiones en que son vistos y percibidos como un estorbo a los intereses de los vecinos como ocurre con la mayoría de las minorías que son presas de conductas discriminatorias y víctimas del prejuicio social. El consumo de vivienda no sólo se limita al consumo del espacio construido, sino también a su localización en el espacio urbano: los grupos de mayores ingresos se implantan en ciertos sectores de la ciudad, con exclusión de otras categorías sociales. Habitar en esos lugares se convierte pues, en una muestra de la pertenencia social cargada de significación. Así, la segregación necesaria para la diferenciación social y el aumento de las ganancias por las rentas de localización, incide sin lugar a dudas en el aumento del valor de uno de sus insumos fundamentales: la tierra, y es en este sentido, que en un contexto de retroceso de la producción inmobiliaria de pequeña escala y avance de la modalidad de los incorporadores inmobiliarios y los desarrolladores, resulta una configuración urbana que combina modernización con exclusión, albergando edificios de departamentos más grandes y más distintivos de un lado, y producción ilegal o informal (villas, loteamientos ilegales) del otro.

El marco teórico y el contexto de referencia precedentemente detallado, determinó que antes de sumergir el esfuerzo del equipo de investigación en la instancia proyectual, se hiciera hincapié en el conocimiento, análisis y comprensión de las causa y consecuencias del proceso socio-espacial que conlleva a la existencia y crecimiento de la modalidad residencial de los asentamientos informales precarios, a partir de la empatía con las prácticas y percepciones de todos los actores sociales involucrados. En este sentido, es de gran utilidad el marco conceptual del "tercer espacio" –*thirdspace*–: tal como propone Edward Soja, se trata de "ponerse en el lugar del otro" *(thirding a othering)*, a través de la tríada "espacio real" *(firstspace)*,[21] "espacio imaginado" *(secondspace)*,[22] y el "tercer espacio" *(thirdspace)*, que se

[21] Epistemológicamente, el *firstspace* prevalece con el correr de los siglos a partir de la acumulación del conocimiento sobre el espacio, porque apunta a la comprensión empírica, medible, de las prácticas sociales a través de las configuraciones espaciales (localizaciones, patrones de distribución de las actividades en el espacio, geografías concretas y "mapeables" de nuestras vidas) y por entender a la organización espacial de las prácticas sociales, dando forma a nuestros espacios de acción mediante edificios, ciudades, regiones, etc.). En el campo de la geografía esto derivó en las ciencias positivistas, donde básicamente prevalece la explicación de la configuración distribucional de las ciudades y las regiones (por ejemplo, modelos gravitatorios).

[22] Las "representaciones del espacio" definen un espacio conceptualizado, esto es el espacio de los cientistas, planificadores y urbanistas. Está vinculado a las relaciones de producción y especialmente al orden que ellas imponen, el cual está constituido por vía del control sobre el conocimiento, los signos y los códigos. Los "espacios de la representación" se refieren al espacio directamente vivido (con las imágenes y símbolos que lo acompañan). Por ejemplo, el espacio de los habitantes y usuarios contiene simultáneamente todos los espacios reales e imaginados. Este era el espacio estratégico para Henri Lefebvre, porque remite a lo ideológico y lo político. Ambos componen lo que Edward Soja entiende como *"secondspace"*. Epistemológicamente el *"secondspace"* (que prevaleció en las disciplinas espaciales desde mediados de los sesenta) se concentra más en el espacio concebido que en el percibido y asume que el conocimiento espacial es producido mediante las representaciones discursivas del espacio. Esto implica un espacio ideado por proyecciones al mundo empírico, donde prevalece el mundo de los imaginarios subjetivos, el espacio simbólico a través de la racionalidad interpretable de la significación.

presenta como un tercer modo práctico y teórico de comprender el espacio, saliendo de la perspectiva bipolar de lo socio-histórico. En la "trialéctica de la espacialidad", lo vivido, lo percibido y lo concebido se relacionan sin ninguna prevalencia entre sí.[23]

En esta etapa de la investigación se han dirigido indagaciones históricas, sociales y relevamientos físicos y socio-demográficos, a partir de información documentada y trabajo de campo, para comprender de manera integral los procesos de cambios socio-habitacionales barriales, la influencia de las distintas políticas económicas que rigieron la historia nacional, así como también las etapas de nacimiento, auge y decadencia de la infraestructura ferroviaria, que recorre de manera medular el tejido urbano en este sector de la ciudad. En especial, fundamentado en el hecho de que las tierras involucradas en el fenómeno urbano indagado son de dominio fiscal nacional, actualmente administradas por el ONABE. Uno de los puntos medulares de las indagaciones, refiere a la tarea de rastrear relatos históricos que se refieran a los distintos modos de apropiación del espacio por sus habitantes.

Del relevamiento de fuentes documentales surge que, por lo general, el estudio de los objetos urbanos y arquitectónicos se encuentra dicotomizado de los sujetos que los producen y habitan. Los textos de historia de la arquitectura que hemos encontrado, generalmente no refieren a los habitantes de las villas de los barrios, los cuales aparecen como seres invisibles, que si se vuelven visibles es sólo para producir "molestias" a los habitantes de la ciudad formal. Sí, son visibles estos sujetos desde los estudios provenientes de la antropología y la sociología, pero sus derivaciones en las políticas urbanas producidas para esta área se ven en políticas de desarrollo social que no están relacionadas con las políticas de tierras. Estos sujetos también fueron invisibles para los proyectos urbanos estudiados, quizás por su poca cantidad numérica, quizás porque la "invisibilidad" es una estrategia de supervivencia de los sujetos que de esa manera evitan las políticas de erradicación. Pero una vez que los sujetos, gracias a la naturalización del *status quo* que les da el tiempo de vivir en el mismo lugar, comienzan a sentirlo propio, más allá de la legalidad, comienzan a desear hacerse visibles para regularizar su situación dominial. Pero la "tierra urbana" y la "Vivienda", no se deben analizar separadamente de los sujetos y de las políticas producidas por los mismos.

Retomando la cuestión del suelo o la tierra urbana con usos obsoletos, desactivados o con usos inconvenientes o repudiados por ciertos sectores de la comunidad, podemos contraponer dos líneas de pensamiento y, en consecuencia, de acción: los llamados "terrenos vacíos" o "tierras vacantes" –*terrains vagues*–. Para los enfoques

---

[23] El *"thirdspace"* deconstuye y reconstruye heurísticamente la dualidad *"first-second space"*, rebalanceando y recentrando la formación del conocimiento de la espacialidad del ser hacia la espacialización, la historicidad y la socialidad en la formación teórica, el análisis empírico, la investigación crítica y la práctica social. Propone una construcción permanente, como una interminable serie de aproximaciones teóricas y prácticas, un nomadismo crítico e inquisidor, en el cual el viaje hacia nuevas bases nunca cesa.

epistemológicos positivistas sólo se trata de terrenos vacíos, sin uso aunque allí exista una memoria o identidad cultural, histórica, o equipamientos urbanos con potencial de reactivación en otro momento histórico o coyuntura económica, o asentamientos informales espontáneos u organizados, es decir personas viviendo, habitando. Terrenos que necesitan ser intervenidos, llenados, completados, mediante proyectos e intervenciones urbanísticas surgidas de procesos de asignación de destino urbanístico en el que los proyectistas cobran un papel relevante, en general, en representación de los actores que hegemonizan las instancias de toma de decisión, en un vínculo profesional proyectista / técnico-comitente (sea sector privado o público). Así como la lógica político-económica ha dejado obsoletos, olvidados, terrenos y usos urbanos, también ha dejado excluidos del sistema, obsoletos, olvidados, a una gran masa de sujetos "invisibles". Los sujetos que no tienen acceso al mercado de la vivienda utilizan estos espacios mientras el mercado no los utiliza, pero cuando se decide reinsertar esos espacios y objetos urbanos a la circulación social de bienes, es necesario encontrar una respuesta para los sujetos que los comenzaron a usar por fuera del mercado. El enfoque contrapuesto, es el que además de entender que estas tierras por lo general aparecen en medio de la trama urbana consolidada como consecuencia de procesos de especulación inmobiliaria, reconoce otra manera de dirimir las pugnas por la asignación de destino urbanístico y la modalidad de intervención, en un sentido más equitativo e inclusivo (aunque perfectible) que es el que incorpora la participación de todos los involucrados, desde el propietario de esas tierras, pasando por los decisores públicos, hasta la población ocupante, o los vecinos del entorno, si fuera el caso. Esta mirada implica visualizar a esos sujetos primero para poder incorporarlos como los actores urbanos que de hecho son, así los planes de recuperación urbana que reinserten las tierras obsoletas a la ciudad, al reinsertar también a los sujetos excluidos, podrán producir una ciudad sea sustentable para todos.

El proyecto de investigación que propulsa este libro, adhiere a la segunda línea de pensamiento y acción. Y es en este marco en el que la cuestión de la gestión de la tierra es considerada, contemplando las siguientes premisas:

• Que el suelo, está inserto en un contexto jurídico-institucional determinado por el derecho de propiedad, en tanto relación social definitoria de las posibilidades de acceso a este bien indispensable que es la tierra, en su doble carácter de bien de uso y bien de cambio (mercancía), encontrándose determinado por particularidades del proceso histórico de apropiación y ocupación del suelo, el grado de desarrollo económico del país y la ciudad, la dinámica de las luchas sociales y el sector privado, y el rol del Estado, la evolución de la estructura de precios de la tierra, y el marco normativo que incide en su definición.

• Que el proceso de valorización, que suele ser diferencial, contribuye a la determinación entre otras cuestiones, de la abundancia, la vacancia y/o la escasez de suelo con aptitud para las diferentes demandas de la comunidad, según una escala de estratificación equivalente a la de la sociedad. En ciudades periféricas de metrópolis latinoamericanas como la de Buenos Aires, suelen acentuarse en el espacio urbano los rasgos más evidentes de la fragmentación social y la exclusión característica de los países no desarrollados.

• Que la tierra es una mercancía especial, ya que no se produce en el sentido estricto, sino que en realidad existe en la naturaleza, con heterogeneidad de características intrínsecas y extrínsecas (tamaño, resistencia, topografía, accesibilidad social, vinculación con otros usos urbanos, servicios de transporte, etc.), y lo que efectivamente se produce, es su subdivisión y dotación con servicios que la definen como urbana.

• Que hay factores determinantes del valor del suelo que no se presentan de manera tangible, pero que muchas veces tienen altísima incidencia en el proceso de valorización inmobiliaria. Esto tiene que ver con las regulaciones de la ocupación del suelo y las potencialidades diferenciales que estas imprimen a cada terreno para construir en él y darle determinados usos. Otras diferencias importantes, tienen que ver con la posibilidad de apropiación individual o colectiva de la tierra, y el uso diverso de sus propietarios (para vivir en ella o retenerla a la espera de su valorización). El rol del Estado, a través de la planificación del Ordenamiento Territorial y de Usos del Suelo y otras políticas sectoriales,[24] es fundamental en la en la toma de decisiones sobre el territorio, ya que la articulación de las características precedentemente mencionadas, determina precios diferentes de cada lote de tierra urbana y en consecuencia, distintas formas de rentas posibles.

• Que la política de tierras urbanas admite según destacados referentes en la materia, la siguiente clasificación: directas[25] e indirectas.[26]

• Que si bien suele ser poco común que los gobiernos latinoamericanos utilicen el recurso "tierra" con la racionalidad que exigen las graves problemáticas sociales que acucian a sus ciudades,[27] en los últimos años ha habido un retorno del interés, tanto del sector público como de la comunidad académica y profesional con injerencia en la cuestión del suelo, siendo los siguientes, algunos de los instrumentos en boga en estos ámbitos, muchos de ellos promovidos a través de redes internacionales con actividad en la región latinoamericana como la de las Mercociudades o la del *Lincoln Institute of Land Policity*:

[24] Por ejemplo regulando la actuación de los oferentes y demandantes de suelo, interviniendo de distintas formas, tanto en la esfera de la producción del suelo como de su comercialización, de manera directa o indirecta.

[25] Las políticas directas en la esfera de la producción se implementan a través de las normativas (códigos de usos, leyes de loteamiento, planes directores, etc.), producción de tierra urbana, políticas fiscales (tributos y sanciones a la producción y uso de tierra urbana), medidas financieras (para la producción de tierra por parte del sector privado). Los instrumentos y sus formas de aplicación son los que definen las posibilidades de obtención de rentas por parte de los propietarios de las tierras, y la accesibilidad a los distintos sub-mercados de la demanda. Las políticas directas en la esfera de la comercialización: se implementan a través de instrumentos normativos de financiamiento y de regulación dominial, e instrumentos referidos a la definición de precios de la tierra privada y/o producida y comercializada por el Estado. Según la coyuntura política y el peso relativo de los movimientos sociales, el Estado define su conducta en la regulación de la tierra y la legalidad.

[26] Las de mayor influencia en el mercado de tierras son las dirigidas al sector de la construcción, especialmente al de la vivienda, las destinadas a inversiones públicas en infraestructura de transporte, infraestructura básica y servicios colectivos, y la política financiera e impositiva en general.

[27] Generándose graves ineficiencias como la adquisición de suelo urbano a precio de mercado para políticas habitacionales, o la mera intervención entre propietarios privados sin beneficio social.

- Incentivos para la ocupación de terrenos no construidos o subutilizados: impuesto predial/territorial progresivo; consorcio inmobiliario o urbanización asociada.
- Instrumentos de optimización de la infraestructura existente: suelo creado (concesión del derecho de construir por encima del aprovechamiento básico); operaciones urbanas en determinadas áreas; operaciones interligadas.
- Operaciones de transferencia del potencial constructivo.
- Convenios urbanísticos.
- Instrumentos económicos y fiscales: subsidios cruzados, fondos para mejoras, fondos para tierras, tributos, tasas, contribución por mejoras, captación y redistribución de plusvalías por valorización inmobiliaria debido a obra pública o cambio de normativa Ordenamiento Territorial, tributo progresivo baldío, sobre-utilización de indicadores urbanísticos por motivos especulativos, fideicomisos, multas por pasivos ambientales, canje de deudas por tierras, contribución y compensación por el uso del espacio público (redes aéreas, cañerías, postes, publicidad).
- Instrumentos de intervención en los mercados de tierras.
- Zonas especiales de interés social: zonas especiales para vivienda de interés social; zonas especiales de intervención ambiental; zona de uso combinado del suelo, zonas de administración concertada, áreas de desarrollo prioritario.
- Regularización dominial.
- Bancos de tierras y movilización de tierra vacante.
- Institutos de desarrollo.
- Zonificaciones especiales de interés social.
- Procedimientos e instrumentos participativos.
- Sistemas de monitoreo de información territorial: observatorio de mercado inmobiliario; observatorio de hábitat informal y popular; actualización y modernización de información catastral.
- Códigos normativos específicos o capítulos dirigidos a: lo ambiental, la edificación, las habilitaciones, el espacio público, el patrimonio cultural y ambiental.
- Función social de la propiedad.

• Que las tierras desafectadas de funciones ferroviarias y ocupadas con asentamientos informales en la ciudad de Buenos Aires en general poseen una capacidad ociosa importante pero también un costo de oportunidad muy alto, resultando que incorporarlas al tejido urbano existente como oferta al mercado, librándola a la ley de oferta y demanda, generaría un nuevo stock de vivienda de estándar alto y medio-alto como ha acontecido en las tendencias de las últimas décadas, cercenándose así una de las pocas posibilidades de generar espacio residencial para otros sectores socioeconómicos con déficit en la materia en otras localizaciones dentro de la ciudad.
• Que los habitantes de estos asentamientos ocuparon las tierras que en su momento la sociedad consideró obsoletos, no por especulación inmobiliaria, sino como

estrategia para no ser erradicados. Estos terrenos tienden a ser visualizados, por parte de actores políticos y agentes económicos e inmobiliarios, como espacio vacante y, en consecuencia, potenciales soportes de diversos proyectos urbanos que no siempre los incluyen como potenciales usuarios. Para algunos de estos predios existen propuestas para que sean destinados a espacio público, muchas veces promovidos por organizaciones vecinales que no parecieran reconocer, tampoco, la existencia de estos asentamientos. En algunos casos se trata de sectores urbanos que cuentan con amplias áreas de espacios libres y arbolados que existen como fuente de esparcimiento y aire libre, y aún así, algunos actores urbanos propulsan la erradicación de los asentamientos bajo el argumento del déficit de espacios verdes, aunque este déficit se refiera a indicadores generales para la ciudad o al déficit real en otro sectores urbanos. Muchas veces se debe a cuestiones discriminatorias hacia los pobladores de estos asentamientos, y otras, esta lógica territorial se fundamenta simplemente en la supuesta desvalorización de sus propiedades por vecindad al hábitat de los grupos de bajo nivel socio-económico.

- Reconocer que quienes son excluidos del derecho a la propiedad del suelo o la vivienda, y que producen y reproducen su hábitat de manera espontánea u organizada en esas tierras e inmuebles en situación conflictiva, deben ser también incluidos en la solución del conflicto, y debe reconocerse el derecho de los pobladores al acceso a la tierra urbana y la vivienda, al arraigo, a los vínculos vecinales y a la radicación en localizaciones próximas a sus lugares de trabajo.

- Asumir el hecho de que tanto las políticas urbanísticas como las de tierras y vivienda, constituyen intervenciones públicas para corregir o morigerar los efectos no deseados del proceso de urbanización en cualquiera de sus estados (sea en sus aspectos sociales, económicos o ambientales). En este sentido, una adecuada estrategia que retome con compromiso y seriamente la cuestión de la gestión de la tierra urbana y la producción de vivienda de interés social, debería estudiar la factibilidad de aplicación de algunos instrumentos del abanico enunciado y establecer un menú de recomendaciones y prioridades, con las implicancias de los pros y contras de su implementación independiente o integrada, y también de su no implementación.

- Comprender que las ciudades latinoamericanas son producidas de una manera diferente a la de los países desarrollados, por lo cual no siempre es correcto transpolar las categorías de análisis, instrumentos y normativas de intervención de estos últimos. La principal diferencia es que en las ciudades de los países desarrollados es más común que primero se urbanice y luego se ocupe, mientras que en nuestras ciudades ocurre a la inversa.

- Que en cuanto a las villas y los nuevos asentamientos informales precarios, hay un doble proceso de transformación del espacio: las políticas del Estado y los procesos socio-económicos por un lado, y la producción del espacio por parte de sus usuarios/productores, los que conformaron los asentamientos bajo estudio en este trabajo. En general las tendencias de localización de estos asentamientos están directamente relacionadas con la inserción laboral informal de los pobladores de estos asentamientos. Por ejemplo, se establece una relación entre el lugar donde se genera la mayor cantidad de material reciclable, además de las condiciones de centralidad, las distancias posibles de recorrer y el ingreso que esta actividad les genera. Que gran parte de estos asentamientos se hayan generado en predios con usos desactivados, más allá de su condición fiscal, podría responder a su ventajosa ubicación dentro de la ciudad y de las centralidades barriales específicamente. En estas tendencias socio-espaciales existe un cambio en la lógica de exclusión hacia la periferia de los sectores más bajos. La relación con la recolección de la basura trae nuevos movimientos migratorios hacia la ciudad. Los habitantes de estos asentamientos pagan el precio de acceder a la centralidad con el hacinamiento y la precariedad. Y esta necesidad de acceder a la centralidad, pensándolo por ejemplo, específicamente desde los circuitos de la basura (desde el lugar donde se originan, su recolección y comercialización), responde a la posibilidad de generar o sostener una actividad productiva; que en el caso de los residuos está en estrecha relación con los sectores de mayor consumo. Es decir, si la cantidad de generación de residuos revela un determinado nivel y tipo de consumo, la proximidad a la centralidad (donde se supone que el nivel socio-económico es mayor y por lo tanto el nivel de consumo) es determinante para la realización de estas tareas, que no sólo se apoyan en la comercialización del cartón, los plásticos y los metales, sino en una gama mucho más amplia de materiales.

- Que la estrategia para resolver el conflicto de usos en las tierras con asentamientos informales no debe basarse en la erradicación de su población[28] y el traslado del conflicto a otro territorio bajo la misma modalidad anterior, práctica muy común en numerosas políticas públicas: la radicación del asentamiento informal en otro espacio sin urbanizar y bajo similares condiciones de informalidad. Y que para evitarlo, la estrategia es la urbanización inclusiva de la formalidad y la informalidad generada como consecuencia del déficit acumulado de las políticas urbanísticas, habitacionales y fundiarias y de las consecuencias de la exclusión del mercado del trabajo y la producción formal, siendo que tal como lo manifiesta Jorge Jáuregui, un reconocido referente de los proyectos urbanos y la gestión de las políticas de urbanización inclusiva de villas, esto implica el reconocimiento de la estructura física y social del hábitat informal, para procurar a partir de esa lectura, inscribirla a través de los registros urbanísticos, arquitectónicos, sociales, económicos y culturales formales
- Adjudicar la importancia correspondiente a los aportes proyectuales de diseño espacial tanto como de las estrategias de gestión ligadas a las dimensión jurídico-administrativa y socio-económica y socio-cultural. Y que es recomendable focalizar en el replanteo de estrategias relativas a los bancos de tierras e inmuebles como herramientas para contribuir a revertir la exclusión social y en el aporte de los mecanismos participativos para mejorar la viabilidad de los procesos de producción del hábitat de interés social. Asimismo, considerar que hay un

[28] Por supuesto a excepción de los casos de riesgo ambiental o de salubridad.

△ políticas habitacionales IVC (2003-2007)

○ políticas habitacionales CMV (1990-2003)

▨ asentamientos informales precarios (2007)

▨ villas de emergencia (2007)

▲ productos inmobiliarios multivivienda de estándar medio (1990-2007)

● productos inmobiliarios multivivienda de estándar alto y medio-alto (1990-2007)

⁄∨ traza ferroviaria

⁄∨ red de autopistas

principales avenidas

Tendencias espaciales del espacio residencial producio desde la lógica pública, privada y autogestiva en la Ciudad de Buenos Aires

doble proceso de transformación del espacio: son las políticas del Estado y los procesos socioeconómicos, por un lado, los que dan sentido al espacio, pero éste se reconstruye a través de la interacción social.

Los casos trabajados en este marco, y que se detallan en el siguiente capítulo, son los que se enuncian a continuación:

1. Asentamiento informal precario "Chacarita" en tierras pertenecientes a la playa de ferroviaria de cargas desactivada del barrio Chacarita.
2. Asentamiento informal precario "Delta Sur" en tierras pertenecientes a la playa de ferroviaria de cargas desactivada de los barrios Barracas y Parque de los Patricios.
3. Asentamiento informal precario "Paternal" en tierras pertenecientes a la playa de ferroviaria de cargas desactivada del barrio La Paternal.
4. Asentamiento informal precario "Morixe" en tierras pertenecientes a la playa de ferroviaria de cargas desactivada del barrio Caballito.

03. Caso 1: Asentamiento informal en playa ferroviaria de cargas desactivada en el barrio de Chacarita

daniela szajnberg, marina mann, gabriela sorda, laura pesce, christian cordara, nicolás cambón

Breve origen del rol del sector urbano y su evolución histórica

Chacarita es un barrio tranquilo de clase media, con calles arboladas, casas antiguas, y algún que otro edificio nuevo. Ubicado entre Av. Elcano, vías Ferrocarril Gral. Urquiza, Av. Del Campo, Av. Garmendia, Av. Warnes, Av. Dorrego, vías Ferrocarril Gral. San Martín, Av. Córdoba, Av. Dorrego y Av. Alvarez Thomas, el Barrio de La Chacarita. Cuenta con una población total de 27.440 habitantes (según censo del año 2001), y en una superficie de 3.1 km² presenta una densidad de 8.837 habitantes/km². Esas tierras pertenecieron a la comunidad jesuítica; luego de su expulsión en el año 1767 pasaron al Estado, y luego fueron cedidas al Real Colegio Convictorio Carolino de Buenos Aires, por lo cual la zona comenzó a ser conocida como la Chacarita de los Colegiales. En 1871 se habilitó el Cementerio del Oeste (en los terrenos donde se ubica hoy el parque Los Andes) como consecuencia de la emergencia de la epidemia de fiebre amarilla, cambiando para siempre el carácter del barrio, y pasando a ser en el imaginario porteño "el barrio del Cementerio".

Con una larga historia como nodo de transferencia, Chacarita pasó a ser un lugar de postas entre los entonces pueblos de Flores y Belgrano, además se unía con el casco histórico de Buenos Aires a través de la actual avenida Corrientes. En 1884 se aprobó la propuesta de Federico Lacroze para ensayar el sistema de tranvías como medio de transporte, que fue inaugurado en 1888 entre Buenos Aires y Pilar, extendiéndose luego hasta Zárate. En 1891 se implementó su funcionamiento con locomotoras a vapor; ya en 1904 se autorizó a la empresa la construcción del ramal a Campo de Mayo, como también el cambio de tracción por la de energía eléctrica, desde Chacarita hasta el campo militar. En el año 1912 la compañía Lacroze Hermanos ganó una concesión para construir la línea de subterráneos, actual línea B, inaugurada en 1930.

Este nodo de transferencia de transportes sigue aún hoy siendo uno de los más importantes de la ciudad, uniendo el norte con el oeste y el este gracias a la infraestructura citada, y una importante cantidad de líneas del transporte automotor colectivo pasa por la zona, muchas de las cuales tienen allí su terminal. La Av. Federico Lacroze es el principal alineamiento comercial desde su intersección con la avenida Corrientes hacia el barrio de Belgrano, y el resto de barrio se ha desarrollado con usos residenciales de densidad media-baja y media, también usos mixtos con talleres y depósitos.

Planes para el desarrollo urbanístico del sector urbano

En el barrio de Chacarita predominan los usos residenciales de baja densidad, pero contiene también dos distritos de Urbanización Especial U20 y U28 según el Código de Planeamiento Urbano; se destaca además el centro de transbordo constituido sobre los límites de la estación ferroviaria Federico Lacroze, en torno a la cual predomina el distrito de Equipamiento E2 según el Código de Planeamiento Urbano, que es uno de los pocos distritos que admite actividad industrial de alto impacto. En la zona de avenidas como Forest, Lacroze o Corrientes, el distrito urbanístico es el C31 que acepta la localización de usos comerciales, de servicios, recreativos y residenciales. Las tierras ferroviarias tienen asignado el distrito UF (urbanización futura) cuyas características fueron precisadas en el capítulo Nº 3 de este libro.

Según documentos formulados por las áreas técnicas del GCBA y en el marco del proceso de formulación del Plan Urbano Ambiental, se ha desarrollado el Programa "El Parque Central-Chacarita, Agronomía, Paternal" (CHAP), el cual tiene como finalidad el ordenamiento del área limitada por las avenidas Francisco Beiró, De los Incas, Triunvirato, Forest, Corrientes, vías del FFCC Gral. Urquiza, Av. Warnes, calle Manuel R. Trelles y Av. San Martín. El "Parque Central" se proyecta a partir de la integración de los predios de las Facultades de Agronomía y Veterinaria de la UBA, los terrenos del ex Albergue Warnes, el Hospital Alvear, el Hogar Garrigós, el polígono comprendido por la Av. del Campo, Garmendia, Warnes y Punta Arenas y vías del FCGU (conocido como Barrio La Isla) y el Cementerio de la Chacarita. Según un informe del Consejo del Plan Urbano Ambiental,[1] entre los objetivos del programa mencionado se encuentran los siguientes:

• Jerarquizar y mantener el espacio público mediante acciones de seguridad, higiene, señalización, parquización y mobiliario urbano.
• Revitalizar los espacios públicos degradados.
• Refuncionalizar y articular los espacios verdes, plazas, plazoletas.
• Promover la cultura y la recreación en el marco del parque y sus instalaciones y definir un sistema de gestión de los espacios públicos que contemple la participación vecinal y asegure un permanente mantenimiento.

La información oficial indica que de la superficie total del predio de 140.709m² (14 hectáreas), el área operativa de Metrovías es de 40.261 m² (4 hectáreas) y se ubica mayormente en el borde que está enfrente al Cementerio de la Chacarita. La superficie correspondiente al ONABE es de 9.375 m² (aproximadamente una hectárea) y ocupa predominantemente el frente sobre la Av. Lacroze. El área liberable tiene una superficie de 91.073 m², aproximadamente 9 hectáreas, el equivalente a 9 manzanas típicas de Buenos Aires. De la superficie liberable en la playa de cargas de la estación Federico Lacroze del barrio Chacarita, según la normativa vigente, un 35% (aproximadamente 3 hectáreas) deberá destinarse a

[1] Informe Nº 319 con fecha 11 de agosto de 2005.

Localización del
asentamiento
Chacarita en playa
ferroviaria de cargas
desafectadas de la
estación Chacarita.

Fuente:
Elaboración propia
sobre imagen satelital

49

espacio verdes y el 65% restante (aproximadamente 6 hectáreas) es plausible de urbanización.

La estación y centro de trasbordo Federico Lacroze ha sido remodelada recientemente, y también ha habido obras de puesta en valor del parque Los Andes. Está prevista la refuncionalización polimodal del transporte y existe un proyecto denominado Nuevo Parque Chacarita en el entorno de la estación y las tierras del playón ferroviario de cargas desactivado. El Plan Maestro para la zona concentra el área a parquizar en el centro, limitando con el noroeste de la estación ferroviaria, y prevé una franja a edificar en el borde norte del predio, como transición con el resto del tejido urbano existente.

Origen, evolución y configuración espacial del Asentamiento Chacarita entre la calle Fraga y la vía ferroviaria

La superficie que ocupa el asentamiento de Chacarita coincide casi en su totalidad, con la superficie liberable. El asentamiento se encuentra dentro de la Playa ferroviaria del ex ferrocarril Urquiza, y está delimitado por las calles Fraga, Forest, Céspedes y las vías ferroviarias. Según los relevamientos realizados por nuestro equipo de investigación en articulación con delegados y pobladores del asentamiento, allí residían aproximadamente unas 300 familias de diversa procedencia geográfica, en condiciones socio-habitacionales sumamente precarias.

Según relatos de los propios pobladores, en la década de los setenta, era común que la empresa ferroviaria estatal diera viviendas en el mismo predio a sus trabajadores y sus familias. Desde fines de la década del '70, con la irrupción de los gobiernos de facto y la posterior agudización de los problemas económicos devenidos de las políticas neoliberales de los noventa, incluidas las políticas de privatización y concesión de la explotación de servicios públicos como los ferrocarriles, esa prestación dejó de existir mientras que, la población en condiciones socio-habitacionales y económicas vulnerables comenzó a incrementarse. En este contexto las tierras ferroviarias, muchas de ellas prácticamente desactivadas de su función, comenzaron a ocuparse con grupos familiares en esas condiciones. Desde entonces empezaron a levantarse pequeñas viviendas en tarimas, muchas de ellas sin electricidad ni agua y con pisos de tierra; además, desde esa época una modalidad habitacional típica ha sido la de la vivienda dentro de un vagón de tren o contenedor de mercaderías en desuso, convertida en precarias viviendas para un creciente conjunto de familias.

La eclosión demográfica poblacional de este asentamiento se dio a partir del año 2000, con la agudización de la crisis económica: gente en condición de calle y quienes ya no podían seguir pagando alquileres, comenzaron a engrosar la densidad y extensión del lugar. Las primeras viviendas autoconstruidas totalmente (esto es, por fuera de los vagones en desuso) fueron localizadas sobre la calle Fraga, utilizando la medianera que separa el predio de la calle como paramento propio, y con aberturas al exterior. En la actualidad esas viviendas, que primero fueron materializadas en madera y chapas, se encuentran casi íntegramente

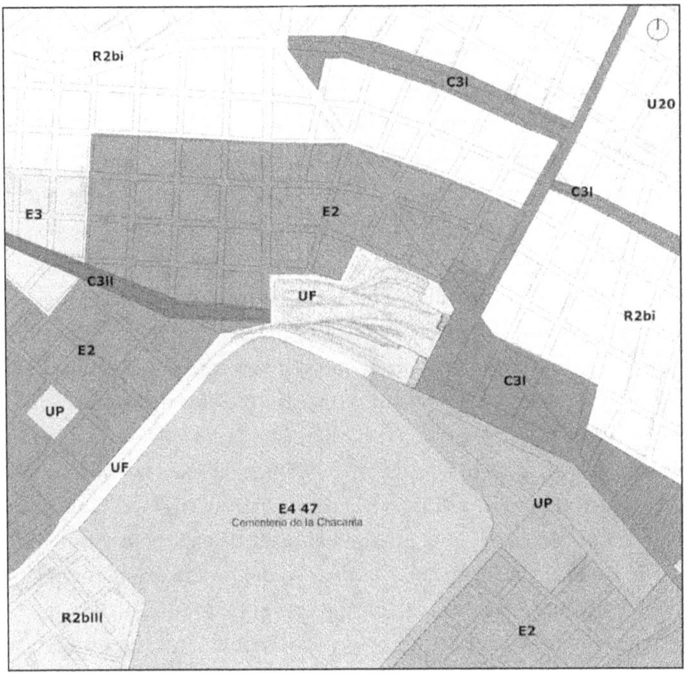

0 50 100   200   300   400   500 m

	área operativa Metrovías	40.261 m^2		superficie total	140.709 m^2
	área ONABE	9.375 m^2		superficie ENABIEF	9.375 m^2
				superficie concesionada	40.261 m^2
	superficie liberable	91.073 m^2		superficie liberable	91.073 m^2

Normativa urbanística en sector urbano del barrio de Chacarita y zonas liberables de tierras desafectadas del uso ferroviario.

Fuente:
Elaboración propia a partir de planchetas del código de planeamiento urbano de la Ciudad de Buenos Aires y documentos del Plan Urbano Ambiental.

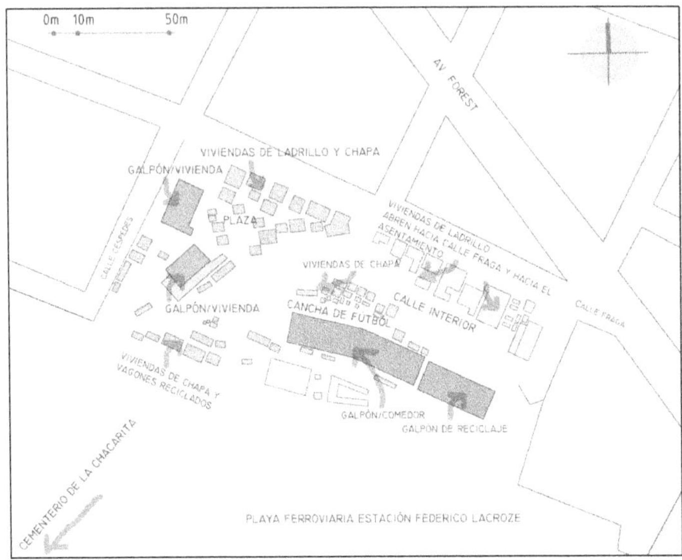

Distribución de usos y actividades del asentamiento Chacarita en el predio ferroviario desactivado de Chacarita.

Fuente:
Elaboración propia a partir del relevamiento in situ.

construidas en albañilería; los residentes fueron instalándose a través del conocimiento que tenían de otros residentes, por lo cual los lotes colindantes generalmente corresponden a familias extendidas o coterráneos del lugar de origen. En el caso de las viviendas que dan al exterior de la calle Fraga, pertenecen a familiares o vecinos provenientes de la misma zona de Paraguay. Este grupo trabaja de manera informal en changas y puestos de servicio. Estos vecinos han logrado que se les instale legalmente la electricidad, con medidores individuales; y se han conectado a las cloacas y al agua de red.

Posteriormente comenzaron a instalarse más habitantes, ya dentro del predio, alrededor del año 2003 empezaron a llegar personas del interior del país o de la provincia de Buenos Aires, y también procedentes del extranjero (peruanos, paraguayos, bolivianos y uruguayos). Las viviendas de estos últimos habitantes son mucho más precarias, generalmente de chapa y madera. Están colgados de la red eléctrica pero no acceden al agua ni a las cloacas. Muchos de estos nuevos pobladores, se dedicaron a la actividad del cirujeo o a la de los cartoneros informales que optaron por esta localización para vivir, próxima al lugar de expendio y transporte de los cartones, que era la estación ferroviaria. Dentro del predio existe un galpón donde se venden los residuos clasificados y otro galpón donde funcionaba un comedor y un espacio de juegos para los niños, que al momento de las entrevistas se encontraba a cargo de la agrupación Corriente Clasista y Combativa. Los organizadores de estas actividades manifestaron haber contactado a un grupo denominado Arquitectos de Pie, quienes formularon un anteproyecto urbano inclusivo del asentamiento en el predio ocupado.

Por otro lado el grupo de habitantes linderos a la calle Fraga, han intentado organizarse en torno al problema habitacional y, tras varias reuniones con vecinos y delegados, decidieron avanzar en una línea de acción conducente a la efectivización de una a propuesta propia de urbanización. Los vecinos han presentado esa propuesta en las Jornadas Hábitat 2005 y a diversos legisladores, organizaciones y profesionales que trabajan en esos temas. Desde entonces, su propuesta es la de conseguir un subsidio para poder construir una vivienda de material en el asentamiento actual, acceder a los programas de urbanización existentes, para infraestructura y equipamiento, una plaza con juegos, una salita de primeros auxilios; legalizando la propiedad de los lotes a través de la definición favorable del destino urbanístico del predio, de modo que la urbanización también incluya a los actuales residentes.

El asentamiento convive difícilmente con algunos vecinos del barrio, quienes los inculpan por la inseguridad creciente en el barrio y se quejan de la falta de luz sobre la calle Fraga, además de la toxicidad del humo que se desprende de la quema en el galpón donde se venden, seleccionan y procesan materiales recogidos en la calle por los cartoneros. Según información periodística,[2] los vecinos del

---

[2] Publicada por el diario Clarín, el 6 de julio de 2006, bajo el título "Chacarita: quejas de los vecinos porque crece un asentamiento".

Relevamiento
fotográfico del
asentamiento
estación Chacarita.

Relevamiento
fotográfico del playón
ferroviario Chacarita
desactivado y entorno
inmediato.

superficie total   140.709 m^2

superficie liberable   91.073 m^2

superficie aproximada asentamiento   23.000 m^2

superficie propuesta CHAP PUA

Comparación de superficie liberable según CPU, superficie aproximada del asentamiento y proyecos para el sector.

barrio Chacarita juntaron más de 450 firmas y le llevaron petitorios al Gobierno de la Ciudad para que reordenara la zona, pidiendo mayor seguridad y limpieza, más luminarias públicas en la calle Fraga, y que se evitara la quema de elementos tóxicos. El artículo concluye afirmando que en el gobierno porteño reconocieron que la queja vecinal era válida, y que pidieron el traspaso de la tierra de la órbita nacional a la local, el GCBA, para encauzar los problemas.

En cuanto a la organización espacial del asentamiento de la playa ferroviaria de Chacarita, se ha utilizado como entrada principal el portón de la calle Fraga, formándose una calle que se desemboca con el centro comunitario antes descrito, antes de doblar y seguir hasta las vías, y que es cruzada por otra calle principal. La distinción morfológica con los vecinos que acceden a través de la medianera, también es una distinción social; estos últimos vecinos se comunican poco con los habitantes de "adentro", si bien los fondos de sus casas dan a la calle interna. Al interior, los lotes se han distribuido como islas de "compadres", generalmente dejando un jardín o espacio abierto al frente y otro al fondo, producto de la memoria formal suburbana o no urbana y de la cantidad de espacio aún existente en el asentamiento. La poca cantidad de residentes y el gran muro de borde que tiene sólo una salida, ha incrementado la situación de "ghettización" de los residentes y su poca comunicación con el barrio.

Dentro del Predio de la Playa ferroviaria actualmente existe un emprendimiento cultural: la Asociación Mutual "Sentimiento", que tiene áreas temáticas de trabajo permanente, en los planos social y mutualista: Salud, Educación, Producción y Empleo. Actualmente cuentan con una farmacia de remedios genéricos, un centro comunal de abastecimiento "el galpón", la radio libre, una juegoteca municipal, contaban con un nodo de trueque, un taller mutual de tecnologías, turismo social, organizan y acogen eventos, participaban del programa del GCBA Adultos 2000, organizan cursos de Capacitación Laboral y tienen una huerta orgánica y un centro cultural.

04. Caso 2: Asentamiento informal en playa ferroviaria de cargas desactivada en el barrio de Paternal

daniela szajnberg, ileana versace, fernanda schilman, gabriela sorda, mariano schilman, guadalupe tello, christian cordara, maría laura allemandi, fernanda alvarez do bonfim, mónica buri

Breve origen del rol del sector urbano y su evolución histórica

El barrio de La Paternal está ubicado casi en el centro geográfico de la ciudad de Buenos Aires. Es una zona que históricamente se caracterizó por su carácter mixto, en donde ha convivido el uso residencial con galpones, fábricas y grandes equipamientos urbanos. Las actividades de La Paternal estuvieron histórica y funcionalmente ligadas a la estación ferroviaria Paternal, conformándose una reserva de tierras vacantes y con usos desactivados, por la reconversión productiva del último cuarto de siglo, la desocupación y el ajuste de infraestructura ferroviaria de los '90. No ha sido un área de gran valor inmobiliario, como sí se ha caracterizado el sector norte de la ciudad. Sin embargo es uno de los nuevos lugares dentro de la Capital Federal en la mira del sector inmobiliario.

La confluencia de varios equipamientos urbanos de gran porte e infraestructura ferroviaria en la zona y su entorno provocan, en tanto barreras urbanísticas, una fuerte disgregación funcional, por otra parte la dualidad y ambivalencia que provoca la fuerte presencia de espacios libres con diversidad de usos, lo cual puede visualizarse como un problema pero también representa un gran potencial para la zona. El área presenta buena accesibilidad ya que cuenta con importantes vías de comunicación, asimismo cuenta con la mayor área verde forestada de la zona oeste y es además, una zona alta no inundable con grandes predios de propiedad fiscal.

En cuanto a la dinámica demográfica, la población[1] en el territorio de injerencia del Centro de Gestión y Participación Comunal N⁰ 11[2] en 1991 era 239.087 y 226.526 en 2001, lo que implica un decrecimiento poblacional del 5,25% (inferior al decrecimiento de la ciudad de Buenos Aires). Considerando que la superficie de esa jurisdicción es de 17,6km², la densidad poblacional promedio era al 2001 de 12871 habitantes/km². El recorte territorial de los Distritos Escolares (DE), indica que el DE XII[3] pasó de una población de 115.954 habitantes en el año 1991 a una de 109.401 en el 2001,

---

[1] Según el Instituto Nacional de Estadísticas y Censos.

[2] Abarca los barrios de Villa General Mitre, Villa Santa Rita, La Paternal, Agronomía y Villa del Parque y está delimitado por las avenidas La Pampa, Forest, Ángel Gallardo y Cuenca.

[3] Abarca el barrio de Villa Santa Rita y la parte oeste de Villa General Mitre y también la parte norte de Flores y Floresta.

mientras que el DE VII[4] pasó de tener 170.302 habitantes en 1991 a 159.237 en el 2001. Esto implica una pérdida del 6,5% para el sub-sector de la población correspondiente a La Paternal y el oeste de Villa General Mitre, superando al nivel de decrecimiento de la CBA. La densidad poblacional del DE XII es actualmente de 17.256 habitantes/km², y la del DE VII es de 159.237 habitantes/km².

Actualmente, desde el punto de vista socio-habitacional, este sector urbano mantiene el predominio de los grupos sociales medios y medio-bajos. Hacia fines del siglo XX surgieron, en esta zona, una serie de desarrollos residenciales de estándar medio-alto, de tipo condominio y torres, que incorporaron algunos mojones de población de mayor nivel socio-económico. Siguiendo esta tendencia en el predio del ex Albergue Warnes,[5] lindero al predio de La Agronomía, se construyeron locales de grandes cadenas de hipermercados y de materiales para la construcción, a lo que se sumó un proyecto aún no materializado que contempla la construcción de 11 torres de viviendas de 17 pisos de altura, en torno al Parque Warnes, que ha desatado un conflicto de considerable resonancia con los vecinos del lugar.[6]

En contraste, tenemos la realidad socio-habitacional deficitaria creciente de una gran cantidad de personas: a lo largo de las vías del ferrocarril, desde la estación de Villa del Parque hasta la estación de Chacarita se han desarrollado una gran cantidad de asentamientos muy precarios, algunos totalmente expuestos y en riesgo por la proximidad a las vías. Pasando por un asentamiento conocido como "La lechería", un edificio de tres pisos en el que están alojadas doscientas veinte familias que formaron parte de una cooperativa de lecheros que dejó de funcionar en el año 1968 y que fue creciendo en densidad demográfica tanto como a nivel edilicio, ya que se fueron construyendo viviendas en altura en sus terrazas originales. La mayor densificación también se dio en los últimos tiempos extendiéndose por afuera de los límites del edificio, hasta el borde de las vías, y también ha surgido un nuevo asentamiento precario dentro del terreno de la estación Paternal. Además, dentro del predio, funcionan corralones de materiales de construcción y depósitos varios en situaciones diversas de actividad.

Planes para el desarrollo urbanístico del sector urbano

Según la normativa urbanística vigente, las tierras ferroviarias de la zona tienen asignado el distrito UF (urbanización futura) cuyas características fueron precisadas en el capítulo Nº 3 de este libro. No obstante, cabe destacar que en la reforma del Código de Planeamiento Urbano de la CBA del año 2000, un cambio significativo fue la introducción de la figura del Convenio Urbanístico, entre cuyas alternativas de aplicación se encuentra el caso de la reconversión de los terrenos con superficies mayores a los 2500m² ubicados en los distritos industriales

---

[4] Abarca la parte este de Villa General Mitre y el barrio de La Paternal, y también la parte norte de Caballito y Almagro.
[5] Demolido en 1991, y trasladados sus habitantes al barrio Ramón Castillo en Bajo Flores.
[6] En 2007 los vecinos presentaron un amparo judicial y las obras están postergadas.

Localización del
asentamiento
Paternal en playa
ferroviaria de cargas
desafectadas de la
estación Paternal.

Fuente:
Elaboración propia
sobre imagen satelital

exclusivos (i) y de grandes equipamientos especiales (e2), pasando de usos productivos a usos residenciales. En Paternal hay varias hectáreas en estas condiciones para su posible reconversión, ya que allí funcionan corralones de materiales de construcción, ex bodegas de fraccionamiento de vinos,[7] talleres mecánicos del automotor, marmolerías, carpinterías y florerías, entre otros usos desactivados hacia fines de los años noventa, aunque algunos de ellos han sido recuperados luego del año 2003.

También existe un sector con distrito urbanístico e2 que no se condice con los usos predominantemente residenciales actuales, que ha sido denominado por sus propios poblador "La Isla" en virtud del carácter del lugar en relación a su entorno. Los vecinos han solicitado el cambio de normativa del ese lugar para que concuerde con la realidad de ese tejido urbano y se puede revalorizar en consecuencia sus propiedades así como el espacio público del lugar en constante transformación.

En cuanto a los planes relativos al destino de las tierras ferroviarias a desafectar en la estación, el Plan Maestro propuesto en el Programa del Parque Central Chacarita-Agronomía-Paternal, por la Secretaría de Planeamiento Urbano y el Consejo del Plan Urbano Ambiental del gcba hacia fines de los años noventa, tenía previsto la urbanización de las tierras pertenecientes al ex albergue Warnes a través de desarrollos inmobiliarios sobre una base normativa de urbanización especial. Y en lo específicamente referido a las tierras de la playa de maniobras ferroviarias desactivadas de Paternal, tenía previsto la Urbanización Paternal, consistente en la conformación de un nuevo tejido residencial, incluyendo la apertura de una calle (Punta Arenas).

También existe un proyecto de declaración de la Legislatura de la Ciudad Autónoma de Buenos Aires del año 2006 que pronuncia que la Legislatura vería con agrado que el Poder Ejecutivo de la ciudad gestione ante el onabe la suscripción de un convenio para la instalación de un Polo de Logística y Distribución Editorial de la Ciudad de Buenos Aires en los terrenos aledaños a la estación Paternal del ex Ferrocarril General San Martín, comprendidos entre las calles Añasco y Trelles, las vías del ferrocarril y el Puente Julio Cortázar.[8] Dicho proyecto consiste en la centralización de pequeñas y medianas editoriales y contempla la construcción de una biblioteca pública. Con posterioridad, a través de publicaciones en los medios gráficos, se dio por confirmado este proyecto. Sin embargo todavía no se ha publicado, a través de los organismos competentes, la confirmación de este convenio entre el gcba, el onabe y la Cámara Argentina del Libro, ni se conoce con precisión la superficie requerida para la realización del proyecto.

[7] Esta actividad ya no está permitida, por lo que esas tierras se utilizan para almacenaje y ruptura de cargas para distribución.

[8] Información difundida por el Centro de Documentación Municipal de la Legislatura de la Ciudad Autónoma de Buenos Aires, "www.cedom.gov.ar".

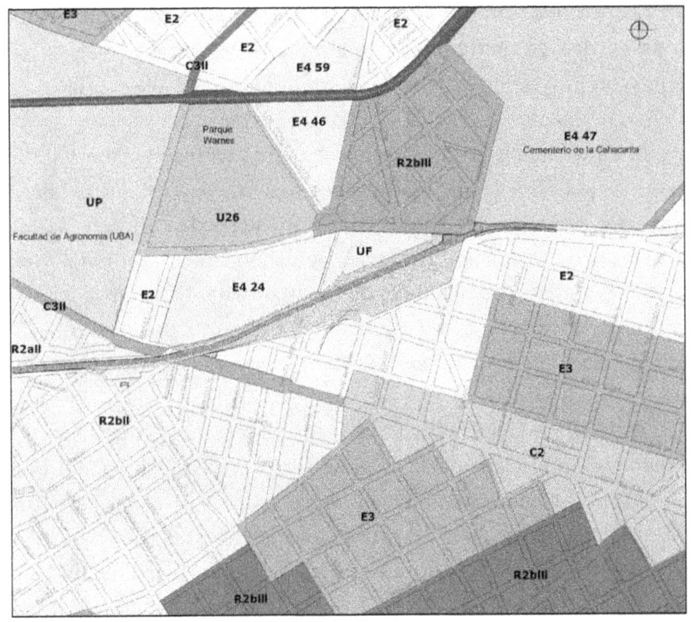

área operativa TMS	21.271 m²		superficie total	112.226 m²
área ONABE	4.270 m²		superficie ENABIEF	4.270 m²
superficie liberable	86.665 m²		superficie concesionada	107.956 m²

Normativa urbanística en el sector urbano del barrio de Paternal y zonas liberables de tierras desafectadas del uso ferroviario.

Fuente:
Elaboración propia a partir de planchetas del código de planeamiento urbano de la Ciudad de Buenos Aires y documentos del Plan Urbano Ambiental.

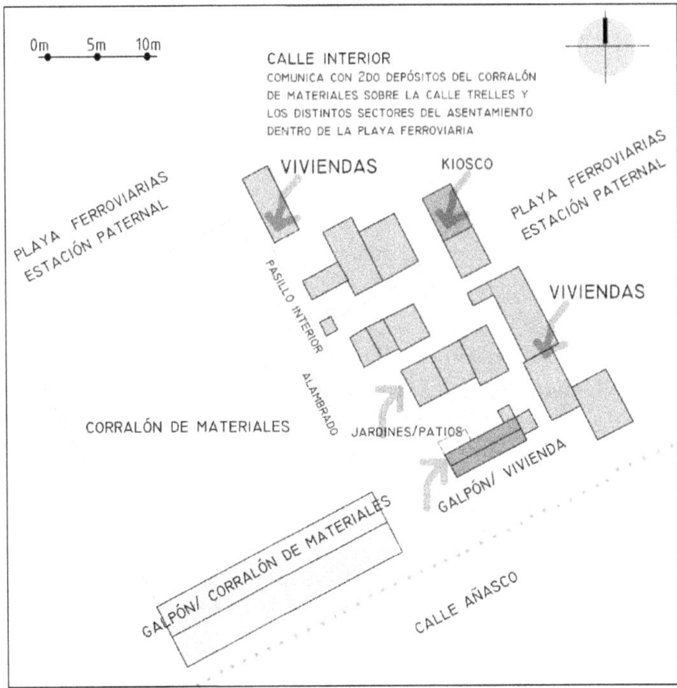

Distribución de usos y actividades del asentamiento Paternal en el predio ferroviario desactivado de Caballito.

Fuente:
Elaboración propia a partir del relevamiento in situ.

Origen, evolución y configuración espacial del Asentamiento Paternal en la playa ferroviaria de cargas desactivada de la estación Paternal

Si bien observando con una escala urbana, el asentamiento en "La Lechería" continúa la línea de asentamientos que se da a lo largo y en los bordes del ferrocarril San Martín y es un referente importante para el asentamiento de la Paternal,[9] lo dejaremos fuera de este análisis ya que se ubica por fuera de la playa ferroviaria, ocupando un galpón. Este asentamiento además tiene una identidad diferenciada al asentamiento de la estación, y muchos grupos de pobladores no se sienten parte de un mismo hábitat;[10] tampoco los habitantes del asentamiento de la playa ferroviaria los reconocen como miembros, como dice Andrés, habitante del mismo:

–Son diferentes; no hay relación con ellos, nos respetamos pero ni ellos vienen acá ni nosotros vamos allá.

Según los análisis basados en la normativa antedicha y los estudios realizados por el Consejo del Plan Urbano Ambiental,[11] la playa ferroviaria estación Paternal contiene 86.685 m² de superficie liberable (aproximadamente 8,6 hectáreas, el equivalente a 8 manzanas típicas de Buenos Aires). De esa superficie, 56.345 m² deberían tener uso público, y usar 30.340 m² para uso privado, la superficie liberable sería de aproximadamente 5.000 m².

En cuanto a la configuración espacial del asentamiento, según el trabajo de campo efectuado por nuestro equipo de investigación, se pudieron reconocer diferentes agrupamientos dentro y en los alrededores del predio de la estación, que a continuación listamos según su antigüedad:

1. Un galpón entre el puente y la entrada de la calle Añasco dentro del cual se levantaron casillas y viven unas 20 familias. Muchos de sus habitantes son ex residentes del Albergue Warnes.

2. Las 5 casas sobre la calle Añasco, de material (una familia ocupa como vivienda la vieja casa del cuidador de la estación).

3. El grupo de casas a las que se accede a través de la entrada de la calle Añasco, construidas con chapa, cartón y mampuestos.

4. El grupo de casas de madera y chapa pegadas a las vías, más cercanas a la estación.

5. En la zona más alejada de la estación, casi bajo el puente Julio Cortázar, un grupo de casas de madera y chapa; este grupo fue el último en asentarse.

Salvo el galpón, poblado desde la demolición del ex Albergue Warnes, el resto de los grupos de viviendas comenzaron a asentarse a fines de los años noventa y principios del año 2000; estos grupos de viviendas comenzaron con un poblador

---

[9] Así como lo es la Villa 21 para el asentamiento de la estación Buenos Aires.

[10] De hecho, "La Lechería" es de más larga data e incluso ha avanzado significativamente en su inserción en las líneas políticas habitacionales del GCBA, como en el caso del Programa de Autogestión de la Vivienda por Ley 341 y complementarias.

[11] Plan Urbano Ambiental. Programa de Cambio de Usos de Playas Ferroviarias de Carga. Caracterización Urbanística. GCBA. SPU. COPUA.

Relevamiento
fotográfico del
asentamiento Paternal.

que se asentó y luego se fueron organizando social y espacialmente a través de relaciones de parentesco y/o conocimiento previo entre los pobladores (cada grupo generalmente comparte lugar de origen). La relación entre los distintos grupos es de conocimiento pero no tanto de interacción: las experiencias pasadas de interacción fueron negativas por lo cual no las repiten; dice Andrés: –*Nos conocemos, pero con ellos uno no puede organizarse, cuando yo logré que pusieran el medidor de electricidad al poco tiempo se "colgaron todos" y se quemó la instalación, por eso para la conexión cloacal la hice sólo, y lo mismo la del agua.*

El sector que hemos relevado abarca los grupos N° 2 y N° 3, tomando alrededor de 2300 m² de la superficie total de la playa ferroviaria, sobre la zona que se considera como superficie liberable.

En el grupo de casas de material N° 2, casas levantadas sobre la calle Añasco, reside un grupo de diferentes familiares provenientes de la provincia de Entre Ríos. El primero en llegar fue Andrés Pérez, hace 14 años, pidió prestado el predio al corralón de materiales vecinos, a cambio de cuidar que *"nadie pasara el muro y les robara".* Su casa y las de sus familiares cierran el perímetro ocupado por el corralón de materiales y la calle Añasco. Su casa es de material y él la continúa construyendo a medida que compra los materiales. Antes alquilaba una casa en las proximidades, en "La Isla", pero allí no tenía lugar para guardar las cosas que juntaba de la calle. Antes de asentarse en ese terreno vivó un tiempo en "el galpón". Andrés solía dedicarse al cirujeo, pero ya no le rendía tanto: –*Antes del 2001. No es que pagaban más, es que trabajaba menos gente. El diario no lo querías porque te lo pagaban 7-8 centavos. A 25 centavos el kilo de plomo quién te iba a trabajar. Yo hace poco que largué, me cansé.* Ahora trabaja como albañil aunque sigue levantando cosas de la calle que le puedan servir para su casa o para vender. Tiene planeado construir un depósito para guardar todas las cosas que encuentra. Cuenta que a veces pasa gente que ve lo que tiene tirado en su jardín y se lo compran. Andrés va atrayendo a sus hijos de Entre Ríos a medida que éstos crecen, y van construyendo viviendas al lado de la suya, cuando forman sus hogares. Cabe agregar que tanto Andrés como su familia se vinculan positivamente con los vecinos "legales" del barrio, y usan profusamente el equipamiento educativo y cultural barrial.

El agrupamiento N° 3, es de características socioeconómicas y culturales mucho más precarias que el anterior; se han establecido más tarde, y sus casas han sido construidas de chapas y maderas recogidas de la calle. El agrupamiento está conformado por familias que tienen cierta relación de parentesco entre ellos, son primo/as, hermano/as, tío/as; familias que llegaron de la localidad de José León Suárez de la provincia de Buenos Aires, aunque lo hicieron en diferentes momentos. Este desplazamiento se ha dado por diferentes razones entre las que mencionan la "falta de trabajo" o "problemas familiares". En relación al proceso de instalación en el lugar, la mayoría contaba con el conocimiento de su existencia, a través de familiares o amigos. En algunos casos el "cartonear" por la zona los llevó a que se instalaran en ese lugar, en otros, a que tomaran esta actividad como una posibilidad a partir de instalarse en este predio.

Relevamiento
fotográfico del playón
ferroviario Paternal
desactivado y entorno
inmediato.

Podemos identificar allí dos subgrupos asentados en dos claustros diferentes alrededor de dos espacios comunes, que utilizan como lugar de reunión, expansión, o de juego de los niños. Las casillas a su alrededor hacen de habitaciones; pero comparten con los miembros de su subgrupo la cocina, el baño, y el espacio abierto común. El subgrupo asentado alrededor del patio más cercano a la calle, se caracteriza por ser mayormente de hombres solos, adultos de más de 40 años. Antes de venir de José León Suárez, los entrevistados provenían de otras provincias (Entre Ríos, Santiago del Estero y Catamarca) o de otro país (principalmente Paraguay). Sus ocupaciones están relacionadas con la construcción: albañiles, carpinteros, gasistas o plomeros. El segundo subgrupo, asentado alrededor de otro patio, más profundo dentro de la playa ferroviaria, se caracteriza por ser más heterogéneo en cuanto a las edades de sus miembros, hay adultos mayores, adultos jóvenes y niños. En relación al estado civil en ambos subgrupos predominan los solteros y las uniones de cónyuges de hecho.

Si bien la mayoría de los adultos de ambos subgrupos se declara ocupada, lo hace en el sector informal y denomina su trabajo como "changas". Changas de construcción, de carpintería, de lavado y planchado. Recurren ocasionalmente al "cartoneo", esta actividad funciona como una opción cuando escasean los recursos a través de su otro trabajo; vendiendo el producto de la recolección en el depósito situado frente a la estación Paternal. Los habitantes de esta parte del asentamiento tienen poca y dificultosa relación de uso del equipamiento educativo y cultural barrial.

En cuanto al uso del espacio, la estrategia de ocupación del territorio comenzó por asentarse dentro de los edificios existentes, remodelándolos para adaptarlos al nuevo uso. Esta operación tiene ventajas económicas, de uso del tiempo, y de calidad de vida ante la estrategia de construir sus propias casas, que es la que utilizan los pobladores posteriores, que llegan al lugar cuando los galpones se encuentran ocupados, pero además permite la ventaja de una cierta "invisibilidad" ante la posible hostilidad del entorno. Una vez que no queda otra posibilidad más que construir la propia casa, los pobladores buscan estrategias que anulen la hostilidad, como por ejemplo Andrés, con su "pacto" con el local de construcción y, si eligen asentarse en los bordes del terreno por las ventajas de ubicación, intentan asimilarse lo más posible al entorno construyendo de material, revocando las paredes exteriores, etc.

Poco a poco, por lógica de uso urbano, se fueron configurando las calles internas del asentamiento que continúan las calles y trazados propuestos por el urbanismo formal.

Las últimas casas en asentarse, al interior de la playa ferroviaria, ya no deben preocuparse por su visualización desde el exterior, y la ubicación interior se expresa también en el armado de espacios centrípetos, donde la lógica de la ciudad desaparece y continúan los remedos de formas de vida pre-urbana, "comunitaria": la estructura espacial, en relación al uso que de él hacen sus habitantes, se define a partir de una serie de células (casillas) que no funcionan como casas independientes,

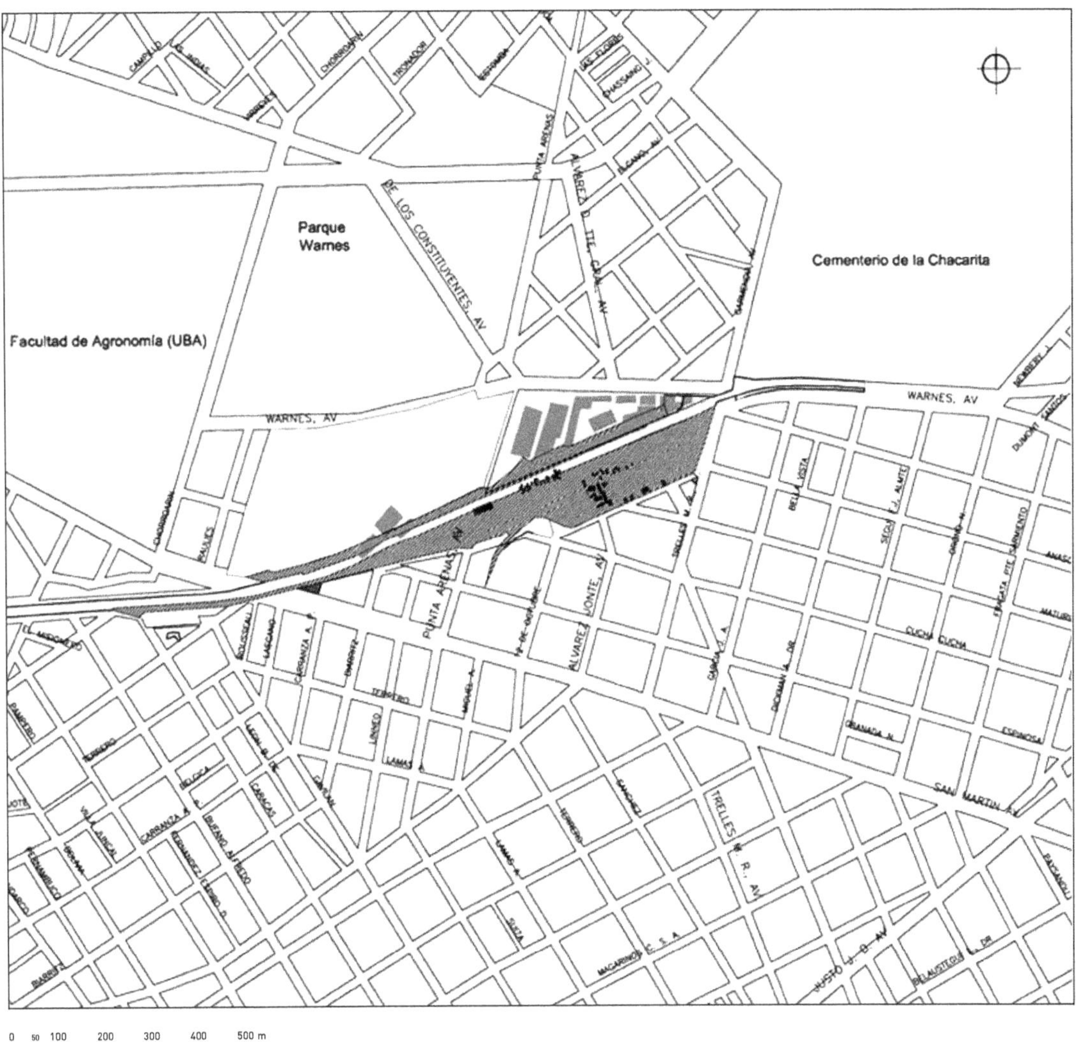

superficie total	112.226 m^2	
superficie liberable	86.665 m^2	
superficie aproximada asentamiento	3.000 m^2	
superficie propuesta CHAP PUA	80.000 m^2	

Comparación de superficie liberable según CPU, superficie aproximada del asentamiento y proyecos para el sector.

Fuente:
Elaboración propia a partir de documentos del Plan Urbano Ambiental, proyectos publicados en el sitio web del ONABE y relevamiento in situ.

sino como habitaciones subordinadas a una estructura mayor. Dentro de ésta configuración encontramos distintas situaciones en relación al grado de privacidad, donde los lugares de mayor accesibilidad pública son la entrada, el corredor principal y el depósito de carros y artículos recolectados; en una instancia intermedia se encuentran la cocina y el patio para uso de los niños; y por último el ámbito de las viviendas. En este caso, los sitios de uso común funcionan como expansión de los espacios privados; tanto el lugar donde se guardan los carros para el "cartoneo" como el lugar donde se deposita lo recolectado, el patio y la cocina son de uso compartido por los habitantes del asentamiento. En la determinación del uso del espacio de carácter público tienen una importancia central los sitios ligados a la actividad productiva de sus habitantes. A fines del año 2007 hubo un episodio de incendio muy importante en este asentamiento, sin víctimas humanas pero con importantes pérdidas materiales, aunque rápidamente el asentamiento continuó consolidándose.

05. Caso 3: Asentamiento informal en playa ferroviaria de cargas desactivada en el barrio de Caballito

daniela szajnberg, ileana versace, fernanda schilman, gabriela sorda, mariano schilman, guadalupe tello, christian cordara, patricia koutras, mario miskiewiez

Breve origen del rol del sector urbano y su evolución histórica

Desde el punto de vista socio-territorial, Caballito es uno de los barrios prototípicos de la clase media de la Capital Federal del país. Allí conviven impetuosos edificios multifamiliares (producto de la más reciente tendencia de densificación vertical en la Ciudad de Buenos Aires) con las típicas casas de barrio de carácter residencial y algunos equipamientos de actividad terciaria. Asimismo, existe un frente comercial compacto en las principales avenidas como Rivadavia,[1] Goyena o Directorio, siendo parte de uno de los más relevantes ejes de urbanización del oeste de la ciudad.

En los últimos tiempos, la dinámica inmobiliaria y de construcción de la zona se ha acelerado significativamente, en este barrio ubicado en el centro geográfico de la ciudad, ubicándose entre los primeros puestos del ranking de obras autorizadas y de superficies cubiertas construidas, con un muy importante papel de los destinos residenciales, lo que ha determinado un proceso de transformación significativo, que ha implicado más recientemente, la eclosión de conflictos vecinales por motivos urbanísticos y ambientales relacionados a este abrupto crecimiento del parque edificado en el lugar, a raíz de lo cual el gobierno local debió intervenir acotando las posibilidades de edificación en la zona.

Este sector urbano presenta muy buenas condiciones de accesibilidad, alimentadas por una completa estructura vial para el transporte automotor, una nutrida red de transporte público de pasajeros, y además existen dos líneas de subterráneos (A y E) y la línea de ferrocarril Sarmiento.

La aparición del ferrocarril ha dejado una impronta singular en el barrio. Junto a la paralela avenida Rivadavia correspondiente al antiguo Camino Real, actual avenida Rivadavia, la traza del Ferrocarril al Oeste,[2] que llegó a la estación Caballito en el año 1858, ha constituido históricamente una situación de fuerte barrera urbanística entre el sur y el norte de la CBA, que en este sector urbano se verifica con gran presencia. Una breve cronología de la evolución del ferrocarril en la zona, indica que en

---

[1] Avenida que en su trayecto hasta el barrio de Flores constituye, además de una de las sub-centralidades de mayor jerarquía de la ciudad, un importante alineamiento comercial sin solución de continuidad.

[2] Primer tramo ferroviario del país (año 1857).

el año 1876 el Ferrocarril del Oeste comenzó a habilitar sus vías dobles entre Once y Caballito, luego a Floresta, y en 1883 hasta el barrio de Liniers. En 1890, la provincia de Buenos Aires transfirió los ferrocarriles a la empresa británica del Ferrocarril Oeste de Buenos Aires, la que en su momento realizó importantes de obras como cruces vehiculares y edificios en las estaciones, comenzándose en 1902 el atrincheramiento de parte de la traza desde el centro de la ciudad hasta Caballito. En 1948 los ferrocarriles fueron nacionalizados y esta línea adquirió el nombre de Ferrocarril Nacional Domingo Faustino Sarmiento, hasta que en el año 1991 se concesionaron sus servicios a la empresa Ferrocarriles Metropolitanos (Fe.Me.S.A.) en el marco del proceso de privatizaciones de bienes y servicios públicos que caracterizó ese período histórico y político del país.

La playa ferroviaria estación Caballito del Ferrocarril Sarmiento actualmente está en funcionamiento, y junto a la estación, y a la playa de maniobras, convive en uno de los galpones con un centro cultural vecinal a cargo de la Asociación Playa de Cargas de Caballito –en un terreno prestado por la concesionaria Ferrobaires–; antiguas casas para uso de los empleados ferroviarios ahora tomadas, y al menos, dos grupos de asentamientos: uno construido en casas de material detrás de los galpones, y otro, el relevado para este estudio, más pequeño, materializado en casas de chapa, láminas de aglomerado, y madera, que se encuentra ubicado en lo más profundo del predio, frente al estadio de Ferrocarril Oeste.

Planes para el desarrollo urbanístico del sector urbano

Para la CABA, el cambio de uso de los terrenos, de ser cedidos o vendidos por el ONABE, estaría pre-definido por un proyecto dentro del Programa Corredor Verde del Oeste[3] enmarcado por los objetivos y programas del Plan Urbano Ambiental.[4] Al no definirse y postergarse la aprobación del mismo por casi una década, han ido surgiendo proyectos urbanos aislados, algunos con más, otros con menos relación al Programa del PUA, en pos de la definición del destino urbanístico de tierras consideradas vacantes por desafectación de usos obsoletos, como el caso de la playa de cargas y maniobras de la estación Caballito;[5] en algunos casos a partir de la articulación entre funcionarios públicos y organizaciones vecinales.

Este interés queda expuesto en los ocho proyectos de ley o resolución que publica el Centro de Documentación Municipal (CEDOM). Estos proyectos, que se sustentan

[3] El proyecto en curso con algunas materializaciones parciales, comprendiendo todas sus etapas, es una estructura continua de soterramiento de las vías del ferrocarril Sarmiento, a desarrollar desde Once hasta Liniers –en realidad de Once a Caballito ya se encuentra bajo nivel a cielo abierto–, con una extensión de aproximadamente 9,5 km, como parque lineal público, con oferta de servicios y actividades recorriendo espacios urbanos de distintas características, y continua en territorio metropolitano.

[4] Pendiente de aprobación final, aunque con reciente aprobación en primera lectura de la Legislatura de la CABA.

[5] Al igual que todas las demás tierras pertenecientes a ex playas ferroviarias de cargas y/o maniobras se encuentran en la misma situación urbanística según el Código de Planeamiento Urbano vigente: el distrito Urbanización Futura (UF), cuyas características están definidas en el capítulo Nº 3 del presente libro.

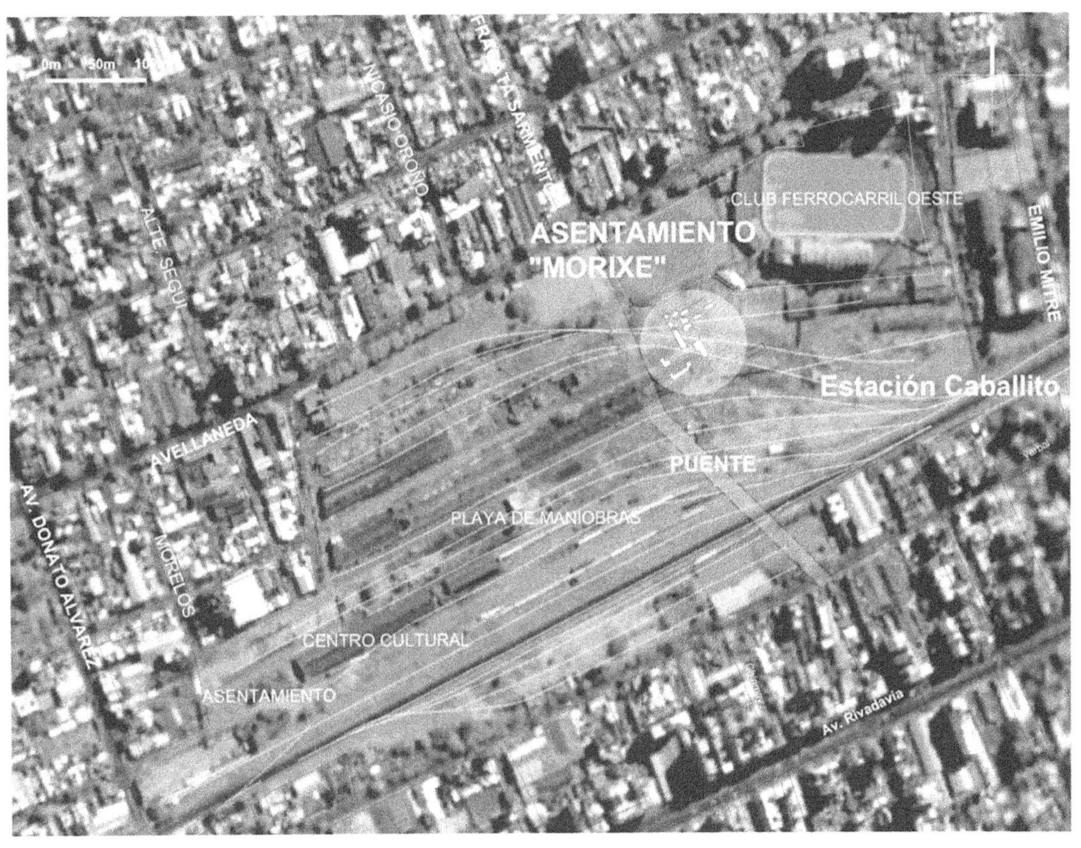

Localización del
asentamiento Morixe
en playa ferroviaria
de cargas
desafectadas de la
estación Chacarita.

Fuente:
Elaboración propia
sobre imagen satelital

principalmente en demandas de acciones concretas sobre el territorio de estudio, oscilan entre el pedido de cambio a distrito urbanístico Urbanización Parque (UP), al alerta por la presencia del asentamiento y demandas de seguridad. Es decir, la presentación de estas playas de maniobra pasa de la vacancia total al reconocimiento del asentamiento como foco de inseguridad. Esto último queda expuesto en el proyecto presentado por el Partido Popular Cristiano que manifiesta que el motivo de la presentación del proyecto radica en la necesidad de los vecinos del barrio de Caballito, preocupados por la creciente cantidad de personas indigentes asentadas en forma ilegal o clandestina en los predios pertenecientes a la estación, mayormente provenientes de la Villa 31, generándose una mayor inseguridad en la zona, especialmente en el horario nocturno. Asimismo este proyecto propone al gobierno local celeridad en la respuesta esperada, a fin de evitar el arraigo del asentamiento.

Organizaciones vecinales, como es el caso de Proto Comuna Caballito,[6] han promovido la desafectación del distrito UF y la afectación a distrito UP (Urbanización Parque) junto a funcionarios políticos; con los que se ha elaborado un proyecto de ley presentado en marzo de 2007. En dicho proyecto se solicita la transferencia de un predio en propiedad a la CABA y la afectación del mismo a distrito UP, para lograr la concreción del gran parque público de casi 17 hectáreas (incluyendo la superficie correspondiente al Corredor Verde del Oeste);[7] llamado Parque del Bicentenario. Dicho proyecto se fundamenta en que la concentración poblacional está acompañada por una importantísima densidad comercial y de servicios de diferente orden, factores coadyuvantes en materia de impacto ambiental, que conforman un grado de contaminación preocupante para la calidad de vida de sus habitantes y del resto de los vecinos y visitantes de Buenos Aires. Queda explicita también, la preocupación de que estos predios sean captados por los proyectos de desarrollos inmobiliarios en la zona, aludiendo a versiones periodísticas a cerca de nuevos emprendimientos inmobiliarios con el carácter de condominios cerrados y la instalación de un hipermercado propuestos por inversores privados para estas mismas tierras. Con conocimiento del contexto mediato que se presenta en este sector de la ciudad, es factible pensar en la existencia de proyectos inmobiliarios para estos predios; aunque fidedignamente no se han publicado o confirmado licitaciones de estos predios, la situación dominial confusa que se establece alrededor de estas tierras genera el escenario ideal para las presiones especulativas y rumores cruzados entre los actores y agentes con distintas expectativas e intereses sobre estas tierras.

Existen antecedentes de varias organizaciones que han apoyado las iniciativas de puesta en valor del patrimonio ferroviario mueble e inmueble, como el caso de la Asociación Caballito Oeste, que también en la década de los noventa, ha apoyado

---

[6]   Ver fundamentos del proyecto de ley N° 200700109 presentado por el bloque legislativo del Partido Socialista.

[7]   Proyecto N° 200700597, año 2007, presentado en la sesión legislativa de la CABA el 29/03/2007 por los bloques Desde Abajo y Frente para la Victoria.

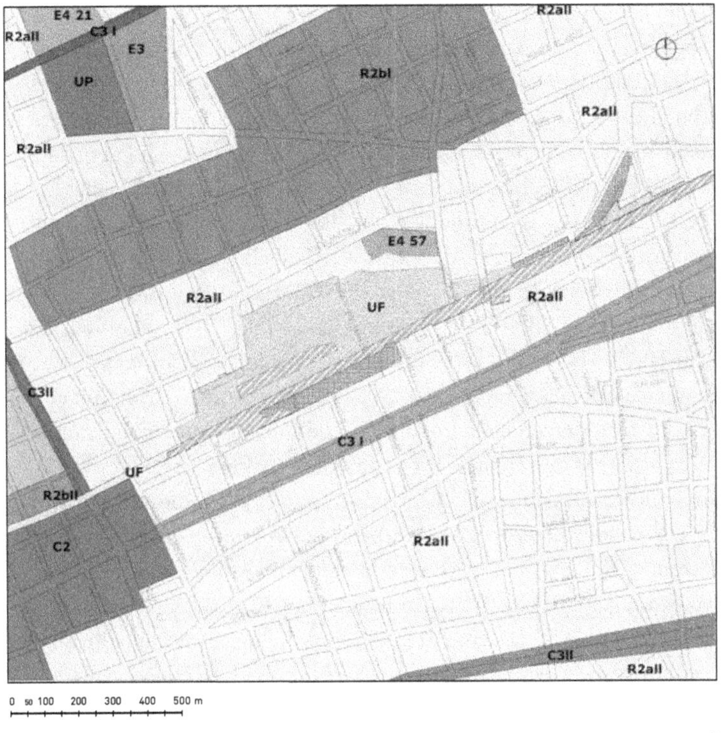

0 50 100 200 300 400 500 m

área operativa TVA	35.885 m^2	
superficie liberable	151.836 m^2	
ONABE	9.154 m^2	

superficie total	211.511 m^2
superficie ONABE	9.154 m^2
superficie concesionada	50.521 m^2
superficie liberable	151.836 m^2

Normativa urbanística en el sector urbano del barrio de Caballito y zonas liberables de tierras desafectadas del uso ferroviario.

Fuente:
Elaboración propia a partir de planchetas del código de planeamiento urbano de la Ciudad de Buenos Aires y documentos del Plan Urbano Ambiental.

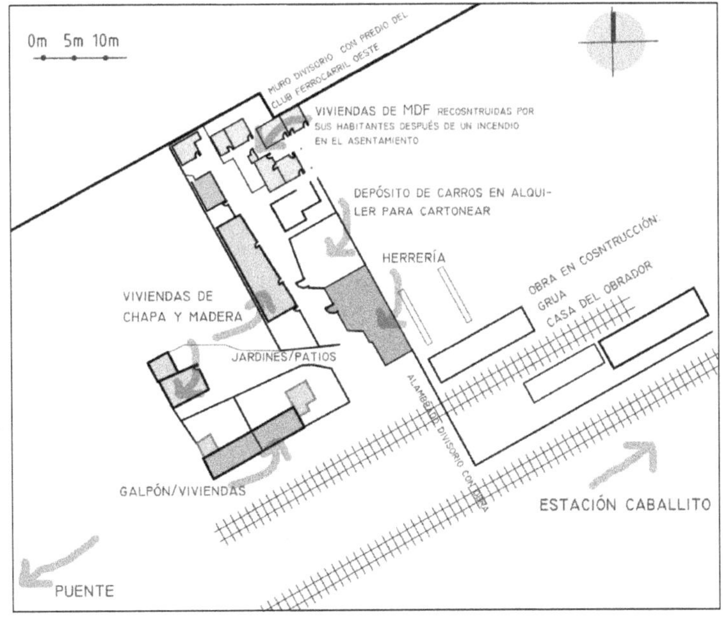

Distribución de usos y actividades del asentamiento Morixe en el predio ferroviario desactivado de Caballito.

Fuente:
Elaboración propia a partir del relevamiento in situ.

la realización de un concurso de ideas urbanísticas para transformar el predio de la playa de maniobras en un gran parque del oste de la ciudad, que fue organizado por el GCBA y la Sociedad Central de Arquitectos.[8]

La Asociación Playa de Cargas Caballito es otro grupo de vecinos que proponen conservar partes históricas de la playa ferroviaria, que contiene la que fuera vivienda de uno de los fundadores del "Ferrocarril Oeste".[9] La "Playa de Cargas Caballito" junto al "Patio de los Lecheros" es considerado por ellos como un predio con un eje claramente ferroviario. Así, los pórticos de acceso al predio, la balanza de cargas, el tanque de agua, las calles adoquinadas, los galpones ferroviarios, la Casa Histórica hacen a un conjunto patrimonial histórico, cultural indivisible.[10] Los vecinos gestionaron ante la Legislatura, el ONABE, y la defensoría del pueblo que se proteja estos edificios a través de la declaración de la Playa de Maniobras como "Patrimonio Histórico y Cultural". Los vecinos creen en la importancia de construir un espacio donde trabajar junto a la participación activa de los vecinos, las instituciones, la comunidad educativa, creando un entramado social que ayude a recuperar y fomentar la identidad del barrio.[11] Los vecinos planean plantar árboles nativos para realizar el "Bosque de Plantas Autóctonas", donados por el Ministerio de Medio Ambiente, y gestionar un Polideportivo en un galpón. Por otra parte, reciclaron un galpón ferroviario convirtiéndolo en la "Estación de los Deseos-Arte Comunitario" que ofrece una incubadora de proyectos culturales y artísticos. Asimismo, los vecinos dicen conocer el asentamiento de viviendas existentes dentro del predio, pero por el momento trabajan en la parte de la entrada de la Playa de Cargas y hasta el puente.[12]

Pueden mencionarse algunas obras recientes en la zona, como por ejemplo la creación de la plaza Giordano Bruno y las obras realizadas en el Patio de los Lecheros. Una de las últimas obras significativas para Caballito y puntualmente para el sector específico de estudio, es la construcción de un puente que cruza las vías del tren Sarmiento, entre la avenida Avellaneda y Yerbal, a la altura de la calle Fragata Sarmiento (a pocos metros del asentamiento) a través del Programa de Conectividad Vial que forma parte del Plan Integral de Tránsito y Transporte.[13] Este puente, con características constructivas que permitirían su traslado a cualquier otro punto de la ciudad, fue ejecutado al margen de los requerimientos para los distritos de urbanización Futura (UF) del Código de Planeamiento Urbano, el cual estipula que no podría realizarse intervención alguna sin la previa determinación del distrito urbanístico, y probablemente por ello se ha presentado, a los medios periodísticos, como transitorio.[14]

---

[8] Este tipo de proyectos, dado el marco constitucional local, no son vinculantes, pero sí constituyen un importante antecedente, especialmente en la redacción de los contenidos del PUA.

[9] Don Norberto de la Riestra.

[10] Fuente: entrevista a la Sra. Carolina Rovira.

[11] Ibídem.

[12] Ibídem.

[13] "http://www.buenosaires.gov.ar".

[14] "http://www.lanacion.com.ar".

La playa ferroviaria estación Caballito, contiene 151.836 m² de superficie liberable (aproximadamente 15 hectáreas, el equivalente a 15 manzanas típicas de Buenos Aires). De esa superficie, 98.693 m² deberían tener uso público, y usarse 53.143 m² para uso privado. El asentamiento en cuestión, se encuentra dentro de dicha superficie liberable, y ocupa alrededor de 2000 m². Esta superficie linda con el estadio de fútbol de Ferrocarril Oeste, frente al cual se han edificado dos torres de vivienda de estándar medio-alto hacia fines de los noventa.[15] Hasta ahora, no ha habido definiciones en cuanto al destino de los terrenos estudiado, ni del de sus habitantes.

Origen, evolución y configuración espacial del asentamiento Morixe en la playa ferroviaria de cargas desactivada de la estación Caballito

El asentamiento informal en las tierras pertenecientes a la playa ferroviaria de cargas y maniobras desactivada de Caballito, son dos. En uno de ellos que fue el indagado para este estudio, el Asentamiento Morixe,[16] residen aproximadamente 14 familias, de las cuales se entrevistó a 12 jefas y jefes del hogar, que representan a 56 personas. El promedio del tamaño de esos hogares es de 6,89% personas.

La población llegó al asentamiento a través del conocimiento del lugar por parte de parientes o amigos, tal como lo atestiguan los siguientes testimonios de pobladores del lugar que han sido entrevistados por nuestro equipo de investigación:
–Lo conocimos a través de otra vecina, Marisa, que nos dijo de este lugar.
–Por medio de una hija que ya residía en el lugar. Ella vivía acá 5 años antes que yo.
–Por medio de mi padre. –Cuando me junté con mi pareja me vine. Él se enteró por medio de un hermano. –Ya vivía un hijo mío. –Por los padres de mi pareja.

La mayoría de los encuestados aducen razones laborales como familiares en igual relevancia como causa de la migración: *–Mi marido perdió el trabajo. –Por problemas familiares, vivía en Rafael Castillo, luego en un Hogar en Florencio Varela. –Mi mamá se juntó con una nueva pareja y nos trajo para acá. –Por trabajo. –Allá no me alcanzaba y sino me tenía que separar.* En cuanto a la trayectoria migratoria de los jefes de hogar entrevistados el 18% nació en la Ciudad de Buenos Aires; el 18% nació en el Conurbano Bonaerense y 54% nació en otra provincia y el 9% en otro país. De aquellos que nacieron en otra provincia, el 45% nació en la provincia de Mendoza.

El 46% de los habitantes al momento de nuestro relevamiento, eran varones y el 54% mujeres. En cuanto a la edad, el 40% era de entre 0 y 14 años; el 28% entre 15 y 24 años; el 16% entre 25 y 44 años y el 16% restante tiene entre 45 y más años.

[15] Sobre el equipamiento correspondiente al club Ferrocarril Oeste, también existe un marco de incertidumbre, dada la endeble situación financiera de esta institución, y la existencia de ofertas de compra de los terrenos donde se localiza, con fines de desarrollo inmobiliario en la zona.

[16] Su apodo tiene origen en la proximidad con los silos, refinería de la fábrica y galpones de la riñera Morixe. En la zona también han funcionado corralones de materiales de construcción y cementeras, que en otros tiempos debieron ser clausuradas por la contaminación ocasionada por el acopio y la manipulación de materiales a granel a cielo abierto.

Relevamiento
fotográfico del
asentamiento Morixe.

Relevamiento
fotográfico del playón
ferroviario Caballito
desactivado y entorno
inmediato.

De los hogares encuestados el 6% no tiene estudios, el 6% está en nivel de jardín de infantes, el 50% alcanzó hasta primaria incompleta y el 20% hasta primaria completa. El 16% realizó hasta secundaria incompleta y sólo el 2% hasta secundaria completa. En cuanto al estado civil de los encuestados, 51% son unidos de hecho, 47% solteros y 2% viudos.

En cuanto a las ocupaciones, el total de los jefes y jefas poseen las siguientes: asistente de farmacia, contratado; alquiler de carritos para cartoneo, reparación y cuidado de los mismos; "bachero" en un restaurante; cadete en una empresa de quiniela; cartonero/a; constructor de marquesinas publicitarias; empleado de reparto a domicilio; empleada de limpieza en casa de familia; empleado en un restaurante. Las ocupaciones no se limitan al sector informal de la economía, algunos de los entrevistados están legalmente contratados; otros realizan trabajos informales en sectores formales de la economía y otros trabajan en forma informal en sectores informales de la economía. Las líneas de lo formal e informal no son claras en cuanto a la ocupación de los entrevistados. El porcentaje de personas que se dedica a la actividad del cartoneo es muy significativo en relación a otras actividades, siendo de un 21%. De lo jefes y jefas entrevistados el 35% se encuentran ocupados; el 19% se hallan desocupados y el 45% son inactivos. Gran parte de los adultos activos que residen en el asentamiento realizan esta actividad como actividad principal y en otros casos como actividad secundaria, en las épocas en que la ocupación principal no aporta los suficientes ingresos como para subsistir, por ejemplo, una de las entrevistadas refiere: –*cuando necesito plata extra, para pañales, por ejemplo, voy y cartoneo, no lo hago siempre, por ahí una vez por semana.* Los horarios de la actividad son por lo general por la noche y se extienden a la madrugada, desde las doce de la noche a las seis de la mañana. La actividad, la realizan en su mayoría por las Avenidas importantes de la zona, buscan puntos específicos, como el Shopping Caballito, el Hospital Durand, y supermercados. Manifiestan que ya tienen una relación con los vecinos, los conocen y les separan el cartón. Por ejemplo, Flor, una vecina del asentamiento nos refiere: –*Yo soy la única a la que dejan entrar al Shopping, y si estoy enferma a lo sumo puede entrar mi nieta.* La actividad del cartoneo, aunque en muchos casos la realizan varios miembros de la familia, los mayores se dividen las zonas y cada uno va sólo, en algunos casos son acompañados, pero es por menores que los ayudan en la actividad. La mayoría utiliza carros propios y recogen en su mayoría cartón, papel de diario, papel blanco, plástico y unos pocos también recogen botellas. En el asentamiento también hay algunos adultos activos que participan en actividades relacionadas al cartoneo, uno de los vecinos, guarda los carros y los repara., otro, trabaja pesando los materiales en el camión que se ubica en las inmediaciones de la estación Caballito que lleva la mercadería al depósito colindante a la estación Paternal al cual acuden para vender lo que recogen en las calles.

En cuanto a la configuración espacial del asentamiento, las casas se distribuyen alrededor de dos calles, una perpendicular a la principal, a la que se accede desde

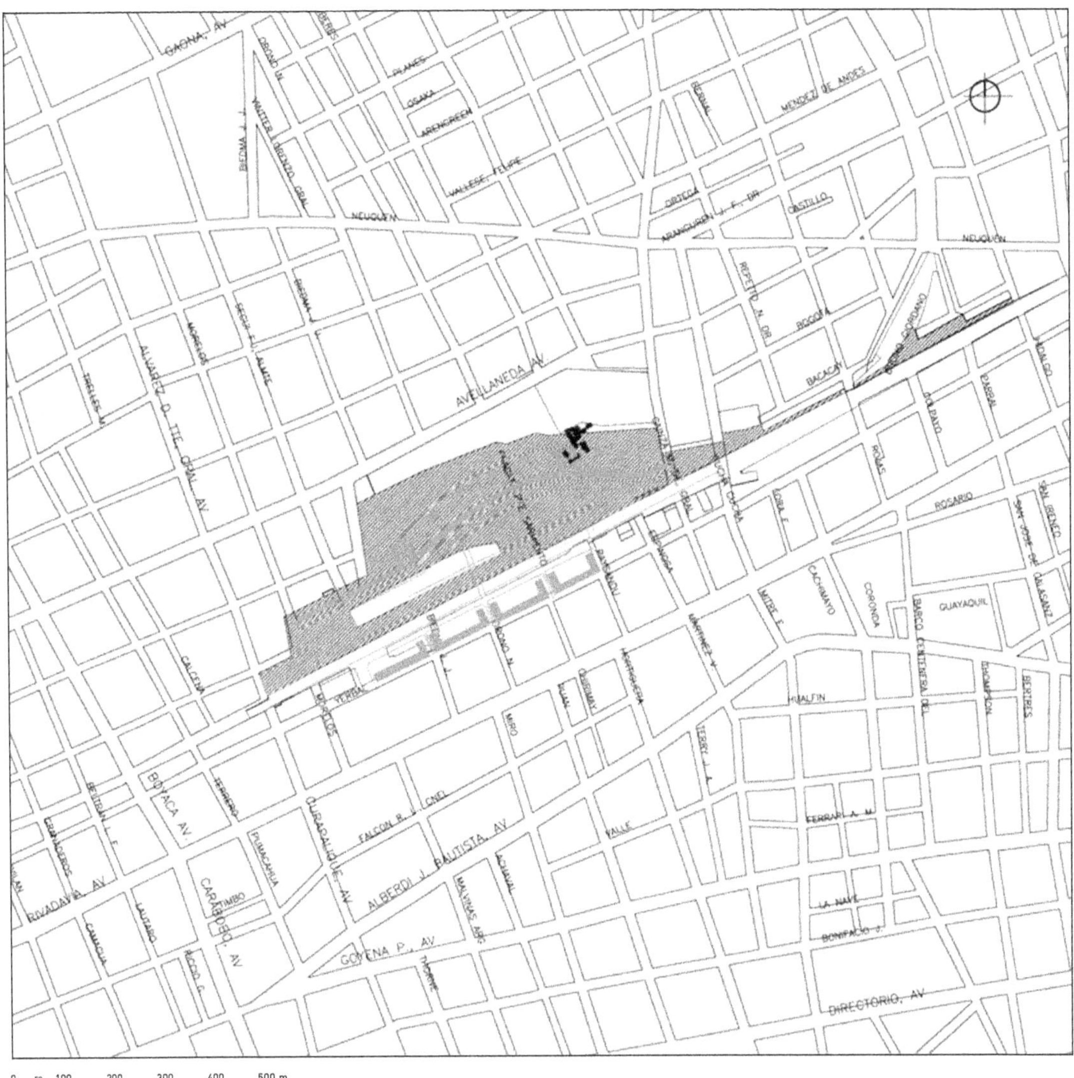

superficie total	211.511 m²	
▓ superficie liberable	151.836 m²	
■ superficie aprox. asentamiento Morixe	2.000 m²	
▓ superficie proyecto ONABE (vivienda y equipamiento)	170.000 m²	

Comparación de superficie liberable según CPU, superficie aproximada del asentamiento y proyecos para el sector.

Fuente:
Elaboración propia a partir de documentos del Plan Urbano Ambiental, proyectos publicados en el sitio web del ONABE y relevamiento in situ.

las vías del ferrocarril, y hay otro grupo de casas a las que se accede desde un camino secundario; este grupo de casas se configura alrededor de un espacio abierto más amplio donde los chicos juegan. Algunas casas han delimitado espacios abiertos propios a través de alambre tejido; la estructura espacial se configura a partir de células que funcionan con un alto grado de independencia entre si.

Existen otros espacios dentro del asentamiento además del destinado a las viviendas: como los lugares de reparación de carritos de cartoneo, depósito y alquiler de dichos carros, y el depósito común de basura; todos sitios ligados a la actividad productiva de sus habitantes.

Todos los entrevistados autoconstruyeron sus viviendas, con la ayuda de familiares, mayormente a partir de materiales recolectados de las calles: *–La construyó mi marido con mi padre. –La hizo mi marido, la construyó en madera. La madera la compró. La hizo de madera porque es lo más sencillo de cargar. –La hizo el marido de mi sobrina con materiales que encontramos. –El material lo encontramos en la calle, lo juntamos. –La construyó mi marido con materiales que juntó en la calle.* Las viviendas sólo cuentan con conexión eléctrica –no legalizada–; para calentarse y cocinar usan quemadores de carbón o leña caseros, hechos con tanques de hojalata. El agua la traen de una canilla ubicada cerca del andén; no cuentan con conexión de gas, ni cloacal y los residuos son eliminados a través de pozos individuales.

06. Caso 4:
Asentamiento informal en playa ferroviaria de cargas desactivada en el barrio de Barracas-Parque de los Patricios

daniela szajnberg, ileana versace, fernanda schilman, marina mann, gabriela sorda, mariano schilman, nicolás cambón

Breve origen del rol del sector urbano y su evolución histórica

Entre los primeros pobladores de la zona encontramos a familias económicamente pudientes que gobernaron los destinos del país hacia fines del siglo XIX. Fuentes históricas reconocidas,[1] indican que las construcciones que daban albergue en quintas de veraneo a esas familias, aunque no eran de uso permanente, le imprimieron al barrio una identidad propia. A medida que estas familias fueron mudando sus residencias al norte, por motivo de las epidemias de la época, un creciente número de inmigrantes, en su mayoría italianos y españoles, comenzaba a ocupar esta parte de la ciudad, debido a la cercanía de las fábricas, que se asentaron allí en relación al puerto, el cual trajo a su vez, la conexión ferroviaria con el norte del país.

Barracas está ubicado en la cuenca del Río Matanza-Riachuelo, en una zona con facilidad de anegabilidad, aunque compensada por la amplia superficie de permeabilidad para agua de lluvia que la traza abierta de la estación Buenos Aires Sur y el equipamiento de salud existente en la zona permite. Los usos del suelo, según el Código de Planeamiento Urbano, son en general industriales (es una de las zonas de la ciudad con mayor superficie destinada a usos industriales exclusivos –distritos I y E2–, salvo por el mercado de las flores, en desuso, al que rodea a su vez un anillo de distritos de equipamiento y residenciales de baja densidad.

El barrio concentra una de las mayores carencias socio-habitacionales, mortalidad infantil, y pobreza de la ciudad, y en él se ubican varios asentamientos, además de la Villa 21-24, donde se estima que vive el 26% de la población del barrio, y es la única reconocida por el Gobierno de la Ciudad de Buenos Aires en su política de vivienda (a través del Instituto de Vivienda de la Ciudad) en la zona. El resto de los asentamientos del lugar, surgieron a partir de los años noventa. Según investigaciones periodísticas[2] se trata de los siguientes:

• Av. Pinedo entre Suárez y Quinquela Martín.
• Villa La Robustiana, en Río Cuarto y Av. Zavaleta.

---

[1] Cutolo, Vicente Osvaldo, *Historia de los barrios de Buenos Aires*, Editorial Elche, 1998, p. 96.
[2] Fuente: Diario Clarín, 20-08-06.

• Puente Bosch, frente a la Villa 26.
• Vélez Sarsfield 1988.

Y finalmente, el asentamiento que es el caso de estudio en el presente trabajo: el asentamiento informal Delta Sur en tierras pertenecientes a la estación ferroviaria de cargas desactivada denominada Buenos Aires.

La evolución de estas tierras fiscales que constituyen una importante barrera urbanística del tejido y la trama urbana de este sector urbano, la estación Buenos Aires, da cuenta de la historia económica reciente del país: hoy cabecera del ferrocarril concesionado a la empresa TBC, fue originalmente cabeza de la Compañía General de Ferrocarriles de la Provincia de Buenos Aires, que posee capitales franceses,[3] unía Buenos Aires, centro de exportación, con las cosechas de cereales del norte del país, llegando al Puerto de Rosario pasando por las localidades de la provincia de Buenos Aires, Marcos Paz, Mercedes, Salto y Pergamino; con ramal a Ludueña.

Tal como nos explicara en una entrevista Marcelo, que vive en uno de los galpones de las tierras pertenecientes a la ex playa de maniobras ferroviarias, que un amigo alquila como comercio: *–las vías cruzaban la avenida, y seguían hasta la estación Sola, y de allí a la isla de Marchi, y de ahí exportaban, salían los barcos de gran calado, porque en ese momento en el puerto de Buenos Aires no podían entrar barcos de gran calado, entraban a La Boca, todo lo que venían a ser ferrocarriles terminaban en la ciudad de La Boca. Esta era una ruta de cargas, que construyeron los franceses, era la única vía de trocha angosta, que a través de Rosario llegaba uniéndose primero a la trocha media, y después a la trocha ancha, hasta Salta y Formosa, trayendo granos, madera, azúcar.*

El edificio de la estación de madera y chapa de 3 andenes, nació como construcción provisoria, aunque la posterior decadencia económica de la compañía, hizo que sólo se construyera el edificio de oficinas sobre la calle Suárez que sería el ala izquierda de la obra inconclusa. Ese edificio, tal como nos explicaba Marcelo al momento de la entrevista en el año 2006, en ese momento estaba concesionado: *–Todo lo que va a ser ahora acá la Universidad Tecnológica Nacional –U.T.N–,[4] era la parte administrativa de toda la línea.*

En 1937 la empresa Midland adquirió la compañía, agregando nuevos servicios y maquinarias, agregando unidades de servicio general y carga de pasajeros. En 1946 se firmó el contrato de compra-venta de la compañía, que en noviembre de 1947 se incorporó a Ferrocarriles del Estado. La última dictadura militar comenzó con el desmantelamiento de las líneas férreas; a partir de 1977 ya no hubo trenes más allá de la estación Plomer,[5] y la vía clausurada se fue levantando de a tramos. Desde 1994, re-privatizada la línea, la empresa Transportes Metropolitanos General Belgrano S.A. circula entre Puente Alsina y Marinos del Crucero Gral. Belgrano, prestando servicio de transporte de pasajeros de baja calidad. Marcelo dice:

---

[3]   Ley Nacional N° 4417 sancionada el 26 de septiembre del 1904.
[4]   En referencia al edificio que fue transferido a esa institución académica por el ONABE.
[5]   Segunda estación a partir de Cruceros General Belgrano, kilómetro 63,6.

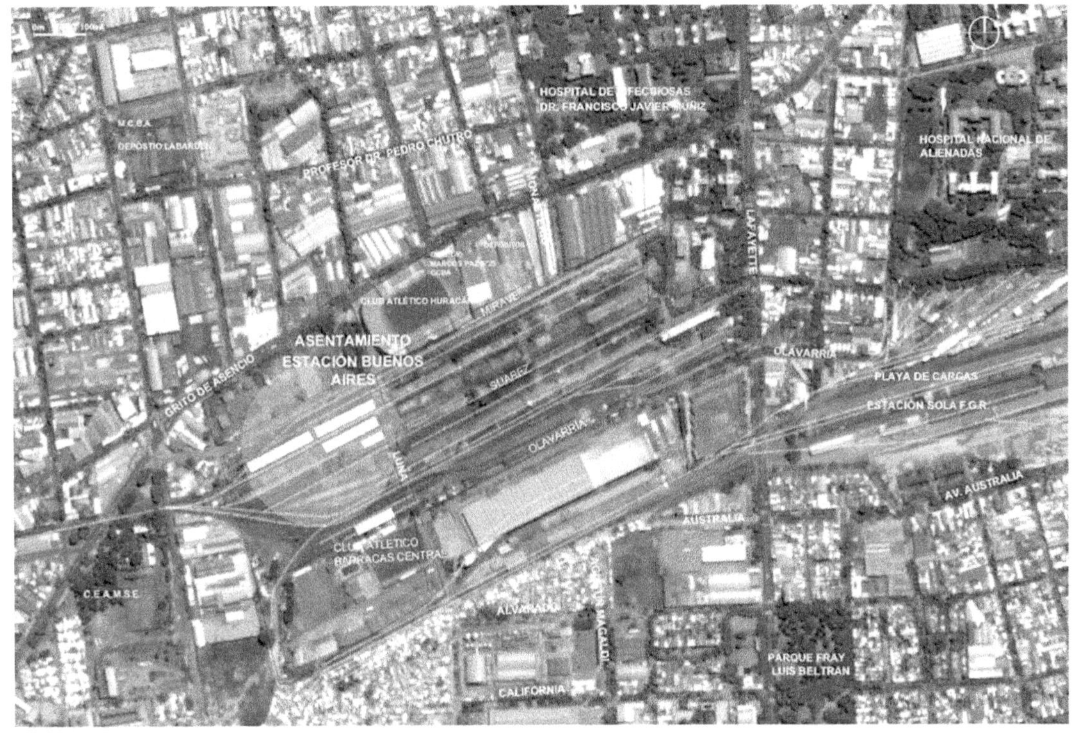

Localización de
asentamiento en
playa ferroviaria de
cargas desafectadas
de Barracas.

Fuente:
Elaboración propia
sobre imagen satelital

–Ahora la gente sólo viene a la mañana, temprano, a eso de las 4, por el mercado de flores, y después la gente que viene a trabajar, de provincia, que se toman el colectivo 59, el 37, ya no hay vía de carga.

Y tal como entiende otro entrevistado por nuestro equipo de investigación, Carlos, trabajador de un galpón en la estación: *–La destrucción de la estación Buenos Aires es el espejo de la destrucción del país.* La destrucción de la infraestructura fue una constante. Marcelo contaba acerca de *los galpones que han ido desapareciendo: –Acá antes había más o menos 200 galpones. Ahora no hay ni 20.* Román, promotor del centro cultural "El Perro" que funciona en uno de los depósitos, también es consciente de esa destrucción: *–Se fueron robando los galpones, después las vías... se las llevaban, fue a Europa, no sólo de acá, de José León Suárez, de San Martín, Victoria... había mucho material ferroviario en el Tren de la Costa, en Tigre. Porque allá las usan porque la ingeniería de los ferrocarriles es internacional.* Tartarini explica el impacto de las políticas de privatización en el caso de los ferrocarriles: *–Esta situación de degradación física y ambiental previa a la privatización del sector continuó durante los primeros años de las concesiones, pues los trabajos de las empresas atendieron fundamentalmente a los aspectos de seguridad y control del pasajero dentro de la estación. Es evidente que en las privatizaciones impulsadas por los decretos 1143/91 la conservación y mantenimiento de las estaciones no fue prioridad de las licitaciones.*[6]

Actualmente en el predio quedan la estación, algunos galpones que se alquilan a madereras o como depósito, el centro cultural "El Perro"; el vagón que el GCBA transformó a la función de cine-teatro con el nombre de "Expreso del Arte" en el año 2006, y que oferta obras de teatro y funciones de cine gratuitos los fines de semana, especializados en cine nacional, una de las dos funciones es para niños, con lo que el centro cultural articulaba con la población del asentamiento.

La desactivación productiva y su efecto en la infraestructura ferroviaria, y la situación de obsolescencia funcional del parque edilicio y fundiario ferroviario, volvió vacante gran parte de las tierras involucradas, que pasaron a ser el soporte territorial de un asentamiento humano en situación de ilegalidad, informalidad, marginalidad,[7] segregación socio-territorial y precariedad socio-habitacional, que sólo pasaba desapercibido para el resto del vecindario del barrio de Barracas y el resto de la sociedad urbana de la ciudad de Buenos Aires, porque aún no tenía en 2006, un desarrollo cuantitativo de población que llamase la atención, y porque el mismo es lindero de la histórica Villa 21-24 cuya relevancia en densidad poblacional, organización de sus pobladores y conflicto socio-habitacional, ambiental y de

[6] Op. cit., p. 174.

[7] Los siguientes relatos de los entrevistados, sólo ilustran parte de los conflictos que han debido padecer los pobladores del asentamiento y sus vecinos: *"Acá hubo hace unos 10 años un operativo de la policía, salió en todos los noticieros... por contrabando de droga; por eso es que surgen acá alrededor las villas, como lugares de distribución"... "acá es muy peligroso, una vez apareció una pierna acá tirada"... "acá hay nenas de 14 años que tienen sexo con los camioneros"... "el otro día hubo un operativo y se llevaron de la Villa 21 a una pareja de peruanos que vendían droga, ellos tenían 3 hijos que quedaron ahora solos".*

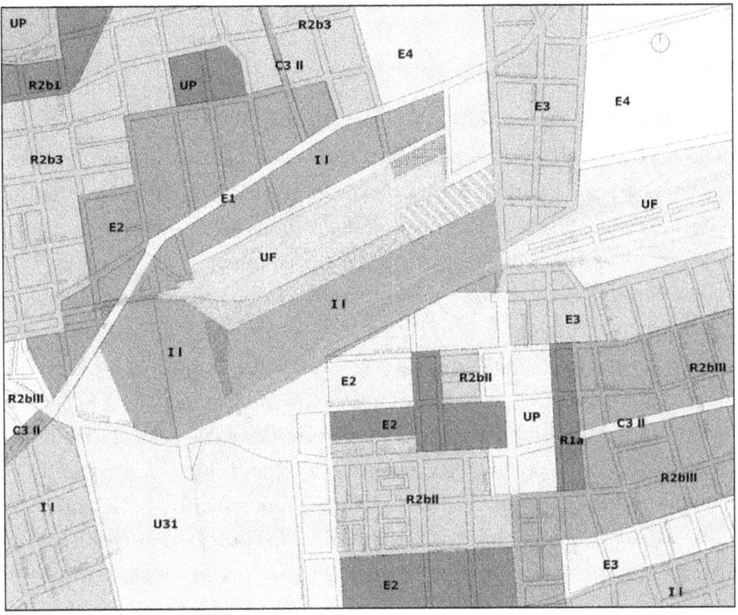

0 50 100 200 300 400 500 m

área operativa provisoria TMB

superficie liberable

banco hipotecario nacional

reservado a nueva estación de pasajeros TMB
(según contrato de concesión)

superficie total	255.994 m^2
superficie concesionada	57.571 m^2
superficie banco hipotecario nacional	9.500 m^2
superficie reservada a estación de pasajeros TMB	165.088 m^2
superficie liberable	165.088 m^2

Normativa urbanística en sector urbano del barrio de Barracas y Parque Patricios y zonas liberables de tierras desafectadas del uso ferroviario.

Fuente:

Elaboración propia a partir de planchetas del código de planeamiento urbano de la Ciudad de Buenos Aires y documentos del Plan Urbano Ambiental.

Distribución de usos y actividades del asentamiento en el predio ferroviario desactivado de la estación Buenos Aires.

Fuente:

Elaboración propia a partir del relevamiento in situ.

marginalidad e inseguridad, ensombrecían cualquier otro fenómeno urbano de menor envergadura en su entorno.

Planes para el desarrollo urbanístico del sector urbano

Las tierras en las que se encuentra el asentamiento, del estado nacional argentino, están administradas por el Organismo Nacional de Administración de Bienes del Estado (ONABE), que tiene entre sus objetivos *"realizar todas las acciones necesarias para la preservación del patrimonio a su cargo, dar cumplimiento a las políticas y acciones que, en materia de bienes de propiedad estatal, establezcan las reglamentaciones vigentes, construir y mantener actualizado el inventario de todos los bienes a su cargo"*,[8] a pesar de lo cual, como la misma página web del ONABE lo admite, durante esos años *"la expoliación de los bienes del estado fue sistemática"*.[9] Según esta misma fuente, la nueva administración trató de evitarlo realizando, por ejemplo, operativos en conjunto con la policía para evitar dicha expoliación.[10]

El 4 de noviembre de 2002 se firmó una Carta de Intención entre el Gobierno nacional y el de la CABA,[11] con el objetivo de dinamizar los procesos de reconversión e integración al desarrollo urbano de los predios pertenecientes al Estado nacional, por la cual se convenía que la Nación realizaría todas las acciones tendientes a ceder en comodato a la CABA las tierras desafectadas del uso ferroviario en el predio denominado "Estación Buenos Aires",[12] a fin de que la Ciudad pudiese destinar dichos terrenos al desarrollo y construcción de una playa de estacionamiento y espera para vehículos de transporte de carga con sus áreas de servicio y espacios para actividades afines.[13] Ambas partes se comprometían a llevar acciones para posibilitar el desarrollo urbano del área, para lo cual, se efectuaron los actos jurídicos que le posibilitarían la cesión de las tierras en cuestión en propiedad a la Corporación Antiguo Puerto Madero S.A.

Las propuestas en la zona continuaron surgiendo por parte de diferentes actores sociales. Por ejemplo, el proyecto de ley 200401559 del año 2004 presentado en la Legislatura de la Ciudad de Buenos Aires, planteaba que el Poder Ejecutivo porteño gestionara ante el ONABE la posibilidad de construir un corredor peatonal en la traza imaginaria de la calle Luna entre Miravé y Olavarría, en el predio correspondiente a la estación Buenos Aires del ferrocarril Belgrano Sur con el fin de mejorar el tránsito de los habitantes de la Villa 21-24.[14] Dicho proyecto no fue sancionado

---

[8] Decreto 443/00.

[9] Fuente: "www.onabe.gov.ar".

[10] Por ejemplo, uno de esos operativos recuperó 1800 durmientes de la línea Belgrano que es la que salía de la estación que nos ocupa.

[11] Fuente: "www.cedom.gov.ar".

[12] Ubicada en el Parque Patricios, delimitados por las calles Miravé, Lafallette, Avda. Suárez, Avda. Vélez Sarfield, Olavaria y su prolongación virtual hasta Lavardén, y Lavardén hasta Miravé.

[13] Asimismo, la Nación se comprometía a efectuar los trámites tendientes a transferir a la Ciudad los terrenos de propiedad del Estado nacional afectados a la estación ferroviaria Buenos Aires correspondiente al Ferrocarril General Manuel Belgrano.

[14] Fuente: www.cedom.gov.ar.

en Ley. Y en marzo del 2004, el ONABE acordó con la Federación Nacional de Trabajadores Camioneros y Obreros del Transporte Automotor de Cargas, Logística y Servicios la cesión de un terreno de casi 130.000m² lindero con la estación Buenos Aires del ferrocarril, para el funcionamiento de una playa de estacionamiento y espera para vehículos de transporte de carga, áreas de servicio y espacio para actividades afines.[15]

Las tierras de la estación Buenos Aires están codificada como Urbanización Futura (UF) según el Código de Planeamiento Urbano, en la zona entre la calle Miravé y la calle Olavarría, y como Industrial Exclusivo (I1) en la zona entre la calle Olavarría y las vías continuación de la calle Australia, a excepción del distrito de Equipamiento (E4) sobre el extremo de Luna y Olavarría, donde se encuentra el Club Barracas Central. El 90% de la población relevada en el asentamiento informal Delta Sur dentro de la estación, se había localizado en la parte zonificada como UF.

En documentos del Plan Urbano Ambiental, hacia fines de la década del 90, se reconocía que la franja sur era donde se encontraba la mayor cantidad de población con necesidades básicas insatisfechas y la totalidad de las villas miserias con excepción de la de Retiro,[16] y a la vez proponía la urbanización definitiva de las mismas.[17] Para el área de la estación Buenos Aires, la cual zonificaba como "Área 5", el PUA proponía en su propuesta de configuración territorial,[18] tejido consolidado de baja densidad en una parte, y de media densidad en otra, de ocupación predominantemente residencial. Una parte de la actual estación quedaría para entonces destinada a grandes espacios verdes, y específicamente donde se encontraba la mayoría de la población del asentamiento Delta Sur relevada por nuestro equipo de investigación, el modelo territorial del PUA proponía tejido de densidad media.

Luego de medio año de negociaciones, el 7 de septiembre de 2007, el Gobierno nacional, procedió a ceder por tiempo indeterminado un predio de aproximadamente 18 hectáreas de superficie, ubicado en el barrio de Barracas, cerca de la estación Buenos Aires, del Ferrocarril Belgrano Sur, a la Unión Industrial Argentina (UIA), cuyo destino sería el de un centro internacional de exposiciones.[19] Precisamente entre abril y septiembre del año 2007, a pedido de la empresa Transportes Metropolitanos (licenciataria del ramal), que presentó una denuncia por usurpación de tierras,[20] en una operación de erradicación sin precedente en el marco de la gestión vigente, 80 familias –aproximadamente 500 personas– residentes en el predio, fueron desalojadas en un episodio de erradicación coercitiva.

[15] Según el ONABE, este acuerdo significó una respuesta del Estado Nacional a las demandas de seguridad que venían planteando los propietarios y trabajadores del transporte, y un principio de solución al problema vehicular que generan los camiones estacionados en la vía pública como solía ocurrir periódicamente en la zona. Fuente: www.onabe.gov.ar.
[16] Fuente: Plan Urbano Ambiental, Documento final, p. 77.
[17] Fuente: Plan Urbano Ambiental, Documento final, p. 80.
[18] Fuente: Plan Urbano Ambiental, Documento final, p. 109.
[19] Fuente: Diario La Nación, "Ceden tierras fiscales", 8 de septiembre de 2007.
[20] En el Juzgado número 4, Secretaría 8 de los tribunales porteños.

Relevamiento
fotográfico del
asentamiento estación
Buenos Aires.

Relevamiento
fotográfico del playón
ferroviario
asentamiento
estación Buenos Aires
desactivado y entorno
inmediato.

El desalojo fue resistido, aunque finalmente, a pesar de no desearlo, los pobladores desalojados debieron retirarse, recibiendo un subsidio de $450 ofrecido por el Gobierno porteño. Las fuerzas policiales prendieron fuego a las viviendas existentes, y si bien muchos pobladores retornaron a su lugar de origen o se trasladaron a otros asentamientos, algunos terminaron mudándose a los galpones que tenían menos población previa dentro del mismo predio.[21]

Origen, evolución y configuración espacial del asentamiento Delta Sur en la playa ferroviaria de cargas desactivada de la estación Buenos Aires

Antes de su explosión demográfica y erradicación compulsiva a fines del año 2007, el asentamiento informal Delta Sur existía, y nuestro equipo de investigación efectuó allí tareas de relevamiento en campo, en articulación con delegados y pobladores del mismo, en el año 2006. Se ubicaba en el centro mismo del predio, lo cual les permitió a sus pobladores una "invisibilización" temporaria a simple vista desde el tejido urbano en que se inserta el predio.

Primero se ocuparon 4 galpones en desuso, a veces compartidos por varias familias, y luego, frente a esos galpones, se levantaron casillas. El proceso de instalación en el lugar se debió al conocimiento de la existencia del lugar, sobre todo porque algún conocido o miembro del hogar trabajaba para el rubro del transporte, tal como se desprende de lo que señalaban los entrevistados en el año 2006: *–Mi marido trabajaba con el que tenía la 'liñera' y cuando se fue la pidió y se quedó. –Acá había un transporte y mi marido trabajaba para él. Y nos dejaron vivir acá, antes pagábamos un alquiler anual. –Mi marido trabajaba en el tren y sabía que esto estaba desocupado. Llegaron al lugar como individuos particulares, familias que se fueron instalando porque sabían que había un 'espacio vacío',* vacío desde el control estatal, vacío desde la política de Estado respecto a la vivienda.

De los habitantes del asentamiento (aproximadamente 20 familias cuando las entrevistamos en agosto del 2006, luego se ampliaron a más de 80 familias en 2007), entrevistamos a 14 jefas y jefes del hogar, que representaban a 80 personas, que llegaron al mismo con una trayectoria migratoria disímil: de los entrevistados, el 22% nació en la ciudad de Buenos Aires; el 67% en otra provincia de la Argentina (Córdoba, Misiones, Chaco y Tucumán) y sólo el 11% en otro país (principalmente Paraguay). Los padres y madres de los entrevistados todos nacieron en otra provincia de la Argentina (Córdoba, Misiones, Chaco, Corrientes, Santiago del Estero y Tucumán) y en otro país (Paraguay).

Respecto al tiempo de residencia en el lugar, el más antiguo señalaba que hacía 12 años (es decir desde el año 1994) y el más reciente se remontaba a un año atrás, siendo el promedio de tiempo que residían en el lugar de casi 6 años. Las razones por las que dejaron el lugar de origen son variadas, pero prevaleció la necesidad económica: *–No tenía trabajo; –Porque el marido se vino a estudiar y*

---

[21] Fuente: Diario Clarín, 10 de abril 2007, 5 de julio 2007; Diario La Nación, 1º de abril 2007, 4 de julio 2007.

ella vino con él. –Por que no le quedó nada. Murió su madre y se vino por que se fueron todos sus hermanos. –Por separación. Problemas con el marido. –Problemas económicos-alquiler.

–Quería conocer el famoso Buenos Aires. –Se vinieron porque el marido cayó preso. –Estaba viviendo en lo de la abuela y cuando ocupó de nuevo la casa se tuvo que ir.

El promedio del tamaño de esos hogares era de 6,35% personas por hogar, bastante más alto que el promedio para el resto de la ciudad. De dicha población el 53% eran varones y el 47% mujeres. En cuanto a la edad, el 46% se ubicaba en el rango de 0 y 14 años; el 22% entre 15 y 24 años; el 21% entre 25 y 44 años y el 11% restante entre 45 años de edad y más. Estos datos daban una estructura demográfica muy joven, casi la mitad de la población por debajo de los 14 años de edad y poca incidencia de población que puede ser categorizada como económicamente activa (independientemente de su inserción laboral real).

En cuanto al nivel de instrucción de la población censada por nuestro equipo de investigación, de los jefes y jefas de los hogares el 37% había alcanzado hasta primaria incompleta; el 25% hasta primaria incompleta; el 19% había realizado hasta secundaria incompleta; el 6% hasta secundaria completa, y el 13% hasta terciario incompleto. Esto daba una tendencia de un 60% de población sin instrucción educativa primaria. Respecto del estado civil, de los jefes y jefas de los hogares censados el 44% estaban unidos de hecho; el 25% casados; el 6% separados y el 25% eran solteros. En cuanto a las ocupaciones, el total de los jefes y jefas de hogar encuestados poseía una ocupación, entre ellas, peluquera, constructor, carpintero, plomero, costurera, en general en el mercado laboral informal. El 37% se encontraba ocupado; el 19% desocupado, y el 44% estaba inactivo.

Los habitantes se relacionaban poco y nada con el equipamiento barrial; usaban los colegios de la zona, especialmente la de la calle Amancio Alcorta; y una salita de primeros auxilios sita en la calle Australia, aunque los habitantes se quejaban ya que no siempre eran atendidos por falta de domicilio.[22] Esto es un problema recurrente para los pobladores de los asentamientos informales. Su relación con el resto de los actores sociales del predio era de relativa indiferencia mutua: los niños a veces iban a las funciones de cine del vagón del GCBA, aunque no se encontraban en buenos términos con sus autoridades, ya que no les permitían conectarse a la energía eléctrica. Algunos niños del asentamiento asistían al centro cultural El Perro, a cargo de Román: *–Les damos cursos, para que salgan un poco de esa pared que se ponen ellos, porque vienen de familias muy golpeadas, con falta de todo. El arte les ayuda a la expresión, porque si no saben ni escribir ni leer, no puede sacar su dolor y su impotencia. El viernes pasado empezó un taller de serigrafía abierto a todos para enseñar un oficio a la gente que después les dé la posibilidad de trabajo.*

---

[22] Un conflicto recurrente para los habitantes de villas y asentamientos informales.

En cuanto a la configuración espacial del asentamiento, con muy pocas excepciones de casas construidas en madera y chapa, los habitantes usaron para vivir, el tejido preexistente de depósitos, oficinas, y la vivienda del vigilador, abandonadas o fuera de uso. Al referirnos al proceso de construcción de las viviendas, en general y a diferencia de otros asentamientos tipificados como villas, es poco lo que habían hecho los residentes, ya que como se desprende de lo señalado por los entrevistados, sólo habían hecho algunas reformas o modificaciones en las viviendas; en palabras de los entrevistados: *–Estaba todo construido. –Estaba todo. –Antes vivía un vigilante que se jubiló y nos dejó la llave. Y mandé a hacer y construir tres piezas más en madera. –Solo tuvimos que limpiar. –Mi pareja y un amigo construyeron la casa. –Ya estaba, me la dejaron con la condición de que la cuidara.* Los galpones que sirvieron para almacenar trigo en la década de los sesenta luego fueron la vivienda de estas veinte familias. Y no sólo la vivienda sino que lo que objetivamente es un galpón se transformó en una casa, un hogar. Como lo señalaban los mismos entrevistados: *–Este lugar es todo. No me hago a la idea de dejarlo. Mis hijos nacieron acá.* En sus acciones transformaron el espacio, lo adaptaron a sus necesidades, dentro de sus deficitarias situaciones económicas: *–Lo que era de material ya estaba. Las chapas me las dieron en un galpón que trabajó mi marido. –Lo de Madera ya estaba acá, y construimos algo más de material.*

El abandono de los depósitos hizo que el techo de chapa de los mismos se encuentre deteriorado, por lo que los habitantes, como estrategia para no mojarse durante las lluvias, y para conservar el calor que las grandes dimensiones de cada edificio no permitía conservar, construyeron una caja de madera y chapa dentro de los mismos edificios, espacio de uso múltiple: habitación-*living*-comedor. Generalmente se ubicaba una familia por depósito.

Los niños jugaban dentro de los galpones y existía poca relación entre los grupos familiares entre sí. Por la carencia de servicios cloacales los habitantes usaban de baño los alrededores de los depósitos, a cielo abierto. Un caño de agua llegaba a 100 metros del asentamiento, por lo que los habitantes habían hecho un *"by pass"*, comprando caño y una canilla que les acercaba el agua a sus viviendas. Por la carencia de gas por red, los habitantes cocinaban en quemadores de gas envasado o a carbón. La electricidad era repetidamente tomada de los cables exteriores al predio, y repetidamente cortada por la policía. Las carencias en las viviendas iban desde necesidades individuales como "goteras"; "cocina"; "heladera"; "baño"; "sillas"; como a necesidades colectivas como "agua"; "luz"; "alumbrado"; "seguridad"; "limpieza del predio"; "la ambulancia que allí no entraba". Y es a través de las carencias, que los sujetos comenzaron a buscar algunas soluciones de manera colectiva: resolver el corte del agua, ayudarse a través de la instalación de un merendero para proveer de leche a los chicos del barrio, etc.

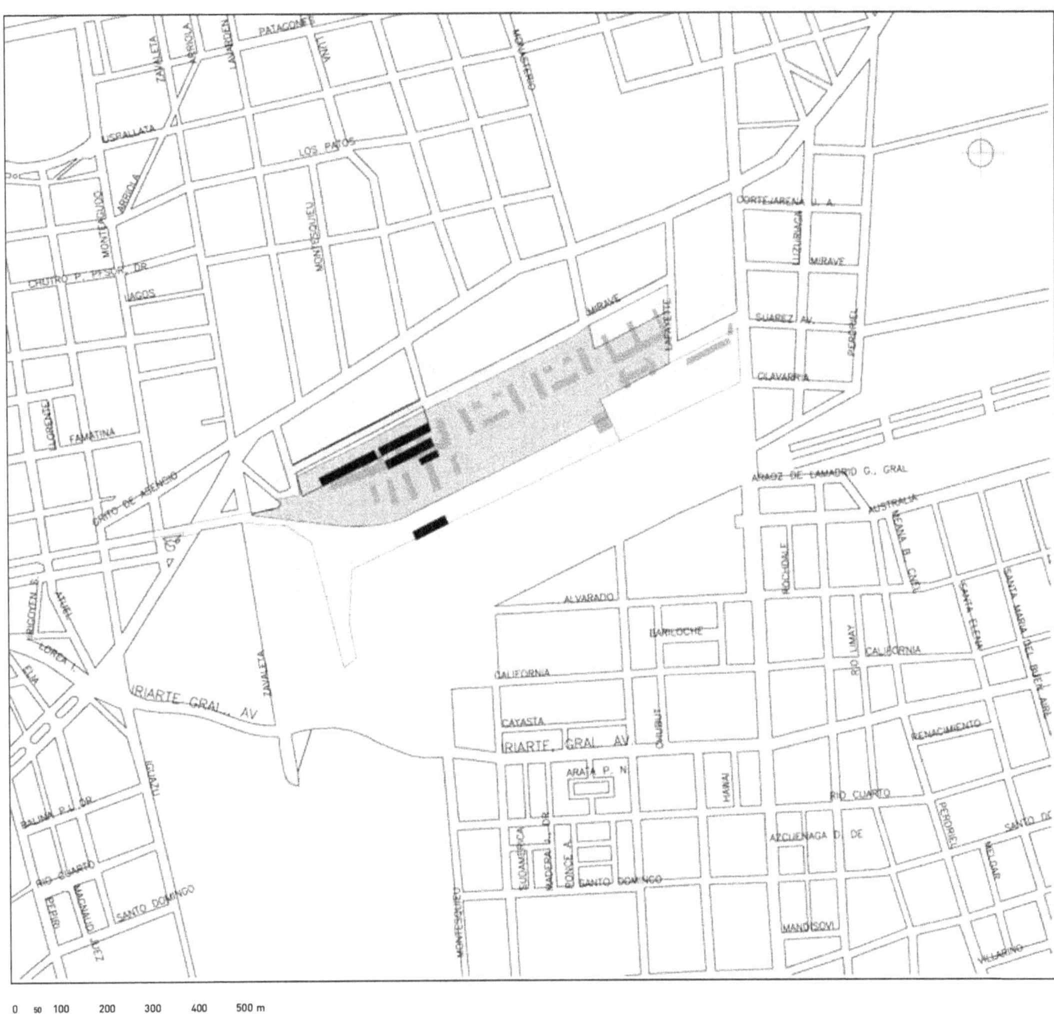

superficie total   255.994 m^2

superficie liberable

superficie aproximada asentamiento

superficie proyecto ONABE
predio ferial de la UIA, vivienda y equipamiento

Comparación de superficie liberable según CPU, superficie aproximada del asentamiento y proyecos para el sector.

Fuente:
Elaboración propia a partir de documentos del Plan Urbano Ambiental, proyectos publicados en el sitio web del ONABE y relevamiento in situ.

07. Epílogo y obertura proyectual

daniela szajnberg, christian cordara, gabriela sorda, guadalupe tello

Conclusiones sobre las tendencias de evolución espacial de los 4 predios desafectados de funciones ferroviarias y con asentamientos informales presentados en el capítulo tres

En los cuatro casos, los patrones espaciales de los asentamientos en cuestión, no quedan estáticos en el tiempo, y a su vez se asocian a diferentes estrategias de "legitimación" de la ocupación. Hay situaciones de crecimiento, como el caso de Paternal, tanto como de consolidación, como el caso de Chacarita o Caballito, y también casos de erradicación, como el de Barracas-Parque de los Patricios. Una lectura de tendencia general, permite observar los siguientes pasos en la evolución de este tipo de asentamientos:

1. Es común que se llegue al asentamiento mediante la información que da alguien asociado a la actividad ferroviaria o que trabaja cerca del predio o en el mismo.
2. Se suelen ocupar primero los inmuebles (casas abandonadas de trabajadores de la estación, galpones) y muebles (vagones, contenedores) presentes en el predio, con algún tipo de "autorización" de palabra dada por alguien del lugar. Aquí las casas son individuales aunque compartan el espacio (por ejemplo un gran galpón).
3. Luego se ocupan los bordes del predio (o el borde de la "avenida" como en el caso de Barracas-Parque de los Patricios); la legitimación se busca mediante una suerte de "camuflaje" con la ciudad formal: las casas se hacen de material, se revocan, se ponen puertas individuales que dan a la calle, se piden medidores de luz. Aquí las casas son individuales aunque pertenecen a familias ampliadas.
4. Se ocupan luego los espacios centrales o mediterráneos del predio; aquí las casas son más precarias, lo que puede atribuirse a la escasez de recursos, pero también acontece que los pobladores procuran no llamar demasiado la atención del proceso de consolidación del asentamiento, para evitar ser desalojados, siendo que en estos casos, la precariedad puede servir como camuflaje, y se constituye un círculo vicioso, en el que toda mejora físico-espacial se puede constituir en "delatora" y por lo tanto se evita. Aquí la organización espacial se da alrededor de "patios" y comparte a veces algunas funciones. Es muy común, que los habitantes de los núcleos alrededor de cada patio, compartan procedencia u origen demográfico. Así, la amenaza o riesgo de desalojo, fomenta que el acto de reconocerse

como "intrusos" u "ocupas" y mantener la precariedad, facilite la posibilidad de permanecer y resulta que ese carácter transitorio también se suele manifestar en la forma en la que se asientan. En este contexto, y desde el punto de vista social y demográfico, prevalecen aquí pobladores provenientes del interior del país, a los que se suman en gran medida, inmigrantes de países fronterizos, que se apoyan en la red social de sus compatriotas que viven en otras villas.

5. Salvo en el asentamiento Paternal, que es el de más reciente data, el resto de los asentamientos comparten terreno con centros culturales que suelen desarrollarse en galpones preexistentes, con variado nivel de articulación con los habitantes del asentamiento, lo que se constituye en un relevante potencial a considerar, si se toma en cuenta que los habitantes de los asentamientos articulan poco con el exterior, motivado tanto en su propio "replegamiento" socio-cultural, como en la conducta discriminatoria y refractaria de gran parte de sus vecinos del tejido barrial formal y consolidado. Al igual que en el caso de las villas, es común encontrar reiterados conflictos relativos al uso y acceso a infraestructura y equipamiento social (educación, salud, recreación, etc.), por parte de los pobladores de estos asentamientos.

6. En cuanto a la construcción de sus viviendas, aparece la historia de vida de los pobladores de los asentamientos; de dónde vienen, cómo vivían antes. Los anteriores lugares de residencia, las provincias de origen o barrios del conurbano con los que siguen manteniendo relación, incide en la forma de autoconstruir sus viviendas, aun con mínimos recursos: espacios destinados a jardines o patios, o la reserva de sectores para huertas, al igual que el espacio destinado a actividades productivas que se encuadrarían en el rubro de "economía social", y también como meras soluciones de auto-sustentación. Algunas de estas actividades, por sus propias condiciones de informalidad y marginalidad, son las que generan inconvenientes o conflictos con los vecinos del barrio en que se localizan, como por ejemplo las quemas con fines de disposición de residuos domiciliarios generados en el asentamiento o de separación de materiales provenientes de la actividad de "cartoneo". En el caso específico de las viviendas que se construyeron en los galpones, debajo de tinglados, o en las edificaciones de material existentes en estos predios, son sus características arquitectónicas las que permiten "camuflarse"; porque esas viejas estructuras pertenecieron alguna vez a la ciudad formal. En este sentido, la potencialidad de estos predios radica también en que dentro de la informalidad que representa el asentamiento, ya están insertos en la ciudad formal.

7. A nivel organizacional, se evidencia un bajo nivel organizacional de los pobladores de este tipo de asentamientos, lo que precisamente es uno de los rasgos diferenciales respecto de las villas. Sí pueden detectarse niveles "proto-organizacionales", con mayor desarrollo, como en el caso del asentamiento de Chacarita, que fue el primero en integrar la Red Hábitat Argentina (RHA) en calidad de asentamiento informal,[1]

[1] Junto con pobladores del asentamiento Rodrigo Bueno, estos fueron los dos casos que inauguraron la presencia formal del conflicto de los asentamientos informales en la Red Hábitat Argentina, que presentan características diferenciales a las de otros integrantes como las villas de emergencia y pobladores de casas tomadas, que ya habían alcanzado por su propia trayectoria, mayores niveles de organización.

casos que no llegaron a madurar por haber sido erradicados compulsivamente en medio de su proceso de organización (nos referimos al asentamiento Delta Sur en Barracas-Parque de los Patricios). Además existen casos en vías de organización, como los de Caballito y Paternal, a quienes se los está a integrando más formalmente a la RHA, a través de acciones como la difusión en distintos medios ligados a la red, o el trabajo de campo desarrollado en el ámbito académico.

Factibilidad y sesgo del abordaje proyectual espacial para la asignación de destino urbanístico de las tierras ferroviarias desafectadas y con asentamientos informales

Arribando a esta instancia de interfase analítico-propositiva que conscientemente se ha dado en llamar "Epílogo y Obertura Proyectual", cabe señalar algunas reflexiones sobre el estado de la cuestión proyectual en relación al espacio urbano. En este sentido, haremos referencia a los siguientes aspectos y dilemas relevantes para el abordaje:
• Análisis y crítica de las propuestas proyectuales existentes.
• Los antecedentes para la promoción de la Investigación Proyectual en la FADU-UBA.
• La relación de competencia y complementariedad entre los enfoques del Plan Urbano y el Proyecto Urbano.
• Las tendencias cíclicas de hegemonía y subordinación de temáticas, funciones y usos del suelo desde el ámbito proyectual.

En cuanto al primer aspecto, las propuestas proyectuales[2] existentes para los diferentes predios rondan entre la indefinición proyectual (dibujos o esquemas sin rigor proyectual) y la definición de usos y anulación de condiciones existentes bao la forma de planes maestros, sin suficiente fundamentación que les dé sustento, en vista de la envergadura a escala barrial y urbana. El organismo nacional ONABE presenta estos predios como superficie "vacante", disponible para desarrollos inmobiliarios que ignoran o desconocen (por acción u omisión) la realidad territorial de estos predios y las condiciones normativas que establece el Código de Planeamiento Urbano (CPU) de la Ciudad Autónoma de Buenos Aires y las previsiones que aún están en proceso de aprobación, en el marco del Plan Urbano Ambiental (PUA).

Los planes y proyectos presentados para los predios ferroviarios de Caballito y Barracas (estación Buenos Aires) sobrepasan incluso la superficie designada como liberable por el CPU. Así mismo, los proyectos o "rumores" de proyectos elaborados, o impulsados, por organizaciones no gubernamentales o desarrolladores privados, o por el propio Gobierno de la Ciudad (por ejemplo en el caso del polo editorial para el predio ferroviario de la estación Paternal), también excluyen a los pobladores de asentamientos. Es este un factor común: la exclusión.

[2] Las mismas han sido sintetizadas gráficamente en los capítulos Nº 4 a 7 del presente libro, a partir de información pública difundida por el ONABE y el GCBA. Se han comparado las superficies de ocupación previstas para cada proyecto, superponiendo distintas propuestas y usos reales actuales entre sí.

La publicación de estos proyectos es realizada prácticamente sin fundamentación urbanística de la toma de decisiones tanto en cuanto a asignación de usos como proyectuales. Y en general, estas decisiones proyectuales que involucran todo el espacio urbano de la ciudad, priorizan el beneficio del sector inmobiliario: el espacio público previsto se suele diseñar con fines de una suerte de servidumbre a las torres que según estos proyectos se planean construir, sin preverse mecanismos de distribución social de las rentas por valorización de ese suelo a calificar mediante definiciones urbanísticas estatales.[3] O se asigna prevalecientemente, porciones de estas tierras a equipamientos de escala urbana, como el caso del destinado al enclave de la universidad tecnológica o de un predio ferial para la organización de grandes empresarios industriales. Este tipo de soluciones urbanísticas, en sí mismas no serían inocuas, si no mediaran también las necesidades de desarrollo urbanístico a escala local y barrial, y carencias socio-espaciales y socio-habitacionales que son trasladadas a otros territorios, omitiendo toda posibilidad de aprovechar la oportunidad de estas tierras estratégicamente ubicadas en la ciudad, para contribuir a disminuir la fragmentación socio-espacial creciente en la ciudad, y promover la inclusión y heterogeneidad socio-habitacional in situ.

Se verifica en la información disponible acerca de estos proyectos, la ausencia de programas públicos que no sean "parques", e incluso el nivel de definición de sus proyectos, remite solamente a trazas de "caminos peatonales" y "senderos de árboles", con diverso nivel de profundización de precisiones de usos y otras "determinantes" proyectuales paisajísticas, morfológicas o funcionales. En la difusión que hace el ONABE de sus proyectos,[4] aparecen como componentes complementarios de esos parques, difusos conceptos como "servicios" o "equipamiento urbano". Sin mayor precisión, estos conceptos podrían derivar en, desde equipamientos a escala de ciudad como los grandes centros de transferencia, hasta en pequeños equipamientos barriales sanitarios o educativos. Sólo a título de ejemplo, y como se desprende de los contextos barriales descriptos en los capítulos precedentes de este libro, no todos los casos presentan el mismo nivel de carencia relativa, por ejemplo, a espacios verdes; y también en la mayoría de los casos, es verificable la necesidad de otros programas proyectuales: equipamientos comunitarios, culturales, sociales, deportivos, o de salud. En este sentido, puede interpretarse que el destino urbanístico propuesto no siempre es el más coherente con las reales necesidades o demandas locales o inherentes al interés general, mucho

[3] Nos referimos a la apropiación directa e indirecta de esas potenciales rentas del suelo. Directa, por parte de los usuarios y beneficiarios directos de las obras que se realicen, como el caso de las torres. Indirecta, por parte de los propietarios de inmuebles frentistas y del entorno inmediato. Tal como expresó el titular del ONABE (artículo periodístico de Agencia Nova, 28 de septiembre de 2007), al sostener las tierras administradas por ese organismo son una mina de oro en las que se puede hacer muchas cosas, y en relación a las cuales, empresarios inmobiliarios conscientes de ello, se habrían lanzado sobre ellas.

[4] En una entrevista telefónica realizada a funcionarios del ONABE el 15 de octubre del año 2007, se nos ha informado que no existían desarrollos proyectuales con mayor detalle que el difundido a través de los medios masivos de comunicación en prensa gráfica. Por ejemplo, en el Suplemento Clarín Arquitectura del 12 de febrero de 2008.

menos, en relación a las necesidades sociales más urgentes, si consideramos el carácter fiscal de las tierras involucradas, y que los programas destinados al espacio privado, sea residencial o de otro tipo de equipamientos, tienen altas probabilidades de poder resolverse dentro del mercado de tierras no fiscales. En ninguno de esos proyectos se proponen, tampoco, mecanismos para que la ciudad pueda apropiarse y redistribuir socialmente el plus valor que se generaría con el aumento del valor de la tierra que generaría la re-zonificación y las obras públicas.

Como estos, caben numerosos cuestionamientos y dudas respecto de a estos proyectos carentes de instancias de consenso en cuanto al destino urbanístico de esas tierras, así como también en cuanto a la falta de consideración de la función social y de equidad que podría imprimirse a la ciudad a través de otro tipo de proyectos urbanos o planes de sector urbano en estas "últimas tierras" con las condiciones estratégicas de localización en la ciudad.

En cuanto al segundo aspecto, cabe señalar los contenidos del Proyecto de Resolución elevado al Consejo Superior de la UBA en el año 2004,[5] con el objeto de la creación de una Comisión Técnica asesora de Investigaciones Proyectuales en el ámbito de la Secretaría de Ciencia y Técnica.[6] En el texto de justificación de esta propuesta que reconoce al Urbanismo, la Arquitectura, el Paisaje, el Diseño Industrial, el Diseño Gráfico, el Diseño de Imagen y Sonido y el Diseño de Indumentaria y Textil, como ámbito específico de investigación, como conocimientos que implican teorías, métodos, producciones y pautas de desarrollo propias y específicas, se estipulan algunas precisiones conceptuales relevantes. Así, la noción de Proyecto, establece un campo específico de conocimiento y se establece como un sistema de prácticas productivas para la configuración de formas significativas, de la arquitectura, los diseños y la ciudad, con la finalidad del mejoramiento de la calidad de vida de los hombres en sociedad, siendo que la actividad proyectual tiene como objetivo la prefiguración, planificación, materialización, gestión y crítica del hábitat humano. Y la noción de Investigación Proyectual, asocia de manera indisoluble, aspectos teóricos y operativos, sin plantear antagonismos entre saber y hacer, ni considerarlos como instancias sucesivas, sino más bien como fases o dimensiones de una misma lógica investigativa.[7]

El tercer aspecto resulta de relevancia como contexto del proceso proyectual, ya que da cuenta de la tensión dialéctica entre las nociones de Plan y de Proyecto, y también incide en el tercer aspecto enunciado, referido a las predilecciones temáticas de la asignación de usos del suelo en las instancias proyectuales. Numerosos

---

[5] Aprobada en el año 2007 por el Consejo Superior de la Universidad de Buenos Aires.

[6] Redactado por los profesores Juan Manuel Borthagaray, Roberto Doberti, Jorge Sarquis y Javier Fernández Castro, con aval de los casi 700 docentes investigadores de la FADU-UBA.

[7] El documento hace especial hincapié en que ello no implica renuncia alguna a las exigencias de coherencia y rigor teórico, ni declinación de los objetivos de eficacia práctica de sus aplicaciones, ni pérdida de conciencia crítica sobre las consecuencias de sus premisas y procedimientos.

referentes teóricos y profesionales del Urbanismo, han hecho referencia a esta tensión que alterna entre la competencia y la complementariedad.[8] En general se coincide en el hecho de ubicar la presencia hegemónica de los conceptos de "proyecto urbano" y "espacio público" en la década de los ochenta como secuela de los debates y experiencias posteriores a la época de cuestionamiento y disolución de las bases del urbanismo tradicional de posguerra. La noción de "proyecto urbano" fue construida en contraposición con la abstracción del *zoning* característico de la "planificación urbana", y también como alternativa a la indeterminación espacial de la modernidad en cuanto a la ciudad tradicional. Por su parte, así como en su momento, el "plan" centraba la atención en la relación entre el "espacio residencial" y el "espacio productivo", la atención del "proyecto urbano" se focalizó hacia el "espacio público", desplazando progresivamente otros temas como los habitacionales y de equipamiento social. De esta manera, el "espacio público" se constituyó en el principal campo de acción del "proyecto urbano", operando este último, fragmentaria y selectivamente en la ciudad a través de operatorias mixtas (público-privadas). "Competitividad entre ciudades", "ciudad global", "marketing urbano", fueron las categorías conceptuales y técnicas de gestión urbana que en los noventa acompañaron al enfoque de abordaje del "proyecto urbano", modelo que luego de dos décadas de hegemonía en el campo urbanístico, al igual que su predecesor de mediados del siglo xx, el plan urbano, entró en crisis por ser sospechado de contribuir a la fragmentación socio-espacial, al incremento de valores inmobiliarios por fomentar procesos de "gentificación" y en consecuencia la expulsión de población de niveles socio-económico medio y bajo hacia el espacio suburbano, el alto grado de dependencia al modelo económico neoliberal que también entró en crisis a principios del siglo xxi en Argentina y en gran parte de los países de América Latina. Todo ello, sumado a la insuficiente inversión estatal, la flexibilización de los instrumentos de control y regulación, y la evidencia de colapso urbanístico y ambiental en muchas ciudades donde se han aplicado estos modelos de gestión urbana, han puesto de manifiesto los límites de la lógica de mercado en la gestión urbana así como también del "proyecto urbano" como instrumento hegemónico para la transformación positiva del espacio urbano. Precisamente en la primera década de los años dos mil, gradualmente se ha ido arribando a la idea de volver a pensar integralmente en la ciudad, en tanto sistema complejo, y en la necesidad de complementar operativamente "plan" y "proyecto urbano" a partir de sus aptitudes diferenciales.

Ahora bien, existen distintos abordajes epistemológicos y operativos del "proyecto urbano". En el caso de la tarea proyectual a abordar en relación a las tierras ferroviarias desactivadas con asentamientos informales estudiadas, que se propone desarrollar bajo la modalidad de "Plan de Sector Urbano", resulta táctico aprehender

[8]   En esta oportunidad haremos referencia a algunas apreciaciones de Alicia Novick desarrolladas en el capítulo "Espacios y proyectos. Oposiciones, hegemonías e interrogantes" del libro Las dimensiones del Espacio Público. Problemas y proyectos, Buenos Aires: GCBA, 2003, ya que en el texto se establecen relaciones entre los conceptos de plan y proyecto urbano, con las tendencias temáticas relativas al espacio público, entre otras.

y sumar a la visión integral y estratégica del "plan", algunos enfoques en boga sobre el concepto de "proyecto urbano", que trascienden la tan difundida práctica proyectual centrada exclusivamente en la dimensión física: [9]

• Uno de estos enfoques entiende al "proyecto urbano", como el diseño de una pieza integrada al resto de la estructura urbana, como articulación de lógicas diversas, como proceso de integración compleja, de mutar la carencia en posibilidad, de incluir lo excluido, poniendo en juego la condición de ciudadanía, definiendo la ciudad formal a través del espacio público, las infraestructuras, los equipamientos. [10]

• El otro, remite al concepto de "Grandes Proyectos Urbanos" (GPU) como herramienta de transformación territorial [11] que va más allá de un mero cambio de escala parcelaria, que plantea un mix de usos y una compleja operatoria institucional y de financiamiento, con impactos que involucran el entorno inmediato y en los cuales resulta relevante considerar la estructura urbana, los mercados de suelo y la equidad en el reparto de cargas y beneficios producidas como consecuencia del GDU. Pueden ser de renovación, rehabilitación, refuncionalización; pueden albergar funciones sociales y/o de prestigio; pueden canalizar operatorias de gestión pública con diferentes niveles estatales y jurisdiccionales, privada o mixta e incluso con participación del tercer sector. Los GDU requieren: de la construcción de consensos y acuerdos a diversos plazos; de una fuerte integración de herramientas urbanísticas como los planes, los proyectos y las normas (urbanísticas, ambientales, fiscales, administrativas, económicas, tributarias); de capacidad de atraer inversiones, reestructurar la traza y el tejido en armonía con el entorno, mejorar o generar nuevas condiciones de centralidad, de mejorar o ampliar el espacio público, revitalizar actividades existentes y atraer nuevas, poner en valor el patrimonio cultural urbano, y mejorar las condiciones ambientales y sociales. [12]

---

[9] Seleccionamos reflexiones de dos referentes autóctonos que abordan el "proyecto urbano" tanto desde la práctica profesional como la indagación crítica y proyectual en el ámbito académico: Javier Fernández Castro y Eduardo Reese, autores de los siguientes trabajos respectivamente:
• Las articulaciones ciudad formal-ciudad informal. Una metodología de abordaje válida para la región. Proyecto UBACyT A401. (Buenos Aires: Laboratorio de Morfología, FADU-UBA / Río de Janeiro: Departamento de Sociología y Política-PUC), 2002.
• Grandes Proyectos Urbanos: conceptos y características generales. En Gestión del Suelo en Grandes Proyectos Urbanos. Programa para América Latina y el Caribe, Qurétaro, México: Lincoln Institute of Land Policy, 2006.

[10] Según esta mirada que vincula la "investigación proyectual" y el "espacio urbano", la acción de "investigar" es producir conocimientos, desarrollar categorías y productos capaces de servir a la comprensión y transformación de nuestros contextos; y "proyectar" es proponer una imagen compartida y una organización superadora de la preexistencia (Fernández Castro, 2002).

[11] Los GDU reconocen diversas denominaciones: las intervenciones norteamericanas aluden a "megaproyectos"; los europeos han apelado al procedimiento de las "zonas de acondicionamiento concertado" (ZAC) francesas, o a operaciones como los "sectores prioritarios" españoles o italianos, remitiéndose en todos los casos a intervenciones de escala intermedia.

[12] Los detractores de los GDU, a la luz de experiencias diversas de GPU, aluden a la necesidad de revisar la sobre-utilización de arquitecturas emblemáticas y diseños espectaculares apelando a diseñadores de renombre internacional y de arquitectura sin programa y sin objetivos, que suelen generar efectos negativos sobre la desigualdad y la segregación social y espacial, la "elitización" de áreas renovadas, la captación diferencial de recursos públicos, la valorización especulativa del suelo y la apropiación privada de plusvalías generadas por los GDU.

• La noción de "proyecto urbano" de gran escala, puede definirse como una combinación estratégica de actuaciones de amplio espectro en relación al suelo urbano, que pueden promover el desarrollo urbano articulando objetivos de índole social, económico y ambiental, contribuyendo a generar las óptimas condiciones para orientar e incentivar las acciones y actividades del sector privado y el sector público, y cuya envergadura implica una gestión de gran complejidad en lo referido a escala, monto de inversión e impacto, implica una gestión compleja en cuanto a usos, normas, actores, recursos, impacto. Hay diferentes tipos de actuación, que varían dependiendo de la situación urbana a transformar: expansión urbana, desarrollo de nuevas áreas urbanizables o incorporación de nuevos suelos al ejido urbano, recuperación de áreas deterioradas o espacios obsoletos, refuncionalización, rehabilitación, aprovechamiento de áreas de oportunidad y/o tierras vacantes, replanteo de espacios para la cobertura de demandas insatisfechas o nuevas demandas inducidas de equipamiento o infraestructura urbana, recuperación o estructuración de bordes intraurbanos o periurbanos, renovación, desarrollo socio-territorial.[13]

El cuarto aspecto evidencia las tendencias cíclicas de hegemonía y subordinación de temáticas, funciones y usos del suelo desde el ámbito proyectual. Esto es muy importante de ser tomado en cuenta al momento de definir los programas espaciales. Solo haremos alusión a dos ejemplos de distinta envergadura, de la oscilación a la que unas veces deliberadamente, otras irreflexivamente, suele adherir la comunidad de proyectistas, urbanistas y planificadores frente a una misma problemática urbana, imprimiendo en el territorio huellas equívocas, muchas veces indelebles. Uno remite al campo del Ordenamiento Territorial y la Planificación Urbana: el sesgo hacia la "residencialización" de la ciudad de Buenos Aires en las versiones de fines de los años noventa de la propuesta de Modelo Territorial del Plan Urbano Ambiental y la reforma del Código de Planeamiento Urbano del año 2000, versus la reforma del Código de Planeamiento Urbano del año 2005, propensa a la recuperación de la "ciudad productiva" a través de la flexibilización de los cuadros de usos del suelo. Otro ejemplo, alude al carácter selectivo, segregativo y excluyente de proyectos urbanos también desarrollados durante los años noventa, como la urbanización de las tierras del antiguo Puerto Madero (como paradigma de intervención de refuncionalización y reconversión de un sector urbano), o procesos de "gentificación", sucesión e invasión a partir de intervenciones urbanas de renovación y revitalización del tejido existente como ocurre en parte del barrio de San Telmo o en el coloquialmente llamado Palermo Soho, orientados ambos casos a la conformación de una atmósfera amigable al turismo receptivo a través de la conversión del tejido residencial existente en tejido comercial con nuevas modalidades de oferta de alojamiento (hoteles *boutique*, *hostels*),

---

[13] Daniela Szajnberg, 2007. "De la competencia a la complementariedad del Plan y el Proyecto Urbano". Área Urbanismo, Secretaría Académica, FADU-UBA.

bares y restaurantes temáticos, locales de exposición y venta de indumentaria, mobiliario, objetos de decoración y diseño, salas de espectáculos alternativas al circuito tradicional, que si bien resultan una legítima opción funcional para la ciudad, también han resultado ser la causa de procesos urbanísticos y socio-demográficos inconvenientes como la expulsión de grupos de nivel socio-económico medio y bajo, hacia localizaciones con menores valores inmobiliarios y condiciones adversas en cuanto a accesibilidad y otras variables urbanísticas.

Pero sin lugar a dudas, el rasgo más destacado de la oscilación temática enunciada para el caso de la ciudad de Buenos Aires, ha sido el defasaje de la atención sobre el hábitat social que había sido la preocupación desde mediados del siglo xx hasta la década de los setenta, hacia la configuración del "espacio público", todo ello atravesado por la legítima preocupación por cuestiones ambientales y específicamente relativas a la dotación adecuada de espacios verdes en sus funciones socio-culturales y ambientales, y en la difusión de nuevas formas de reacción y reivindicación ciudadana. En los capítulos Nº 1, 2 y 3 de este libro, se ha explayado suficientemente el tema del "espacio residencial" y las políticas y movimientos sociales en trono al tema de la tierra y la vivienda. Aprovechamos entonces este capítulo, para introducir algunas apreciaciones a cerca del otro tema considerado, el del "espacio público", y en particular, nos interesa destacar su papel como factor de integración social y expresión de ciudadanía.[14]

En teoría, el "espacio público" es donde la comunidad en general, sin distinción socio-económica ni socio-cultural, encuentra la posibilidad de acceso igualitario al uso de ciertos equipamientos, servicios y actividades que normalmente no se dan en el espacio privado, o al menos, no de la misma manera. Así queda plasmada una relación indispensable entre la configuración del espacio público y el ejercicio de la ciudadanía, en la que las nuevas realidades urbanas encuentran su arena, y a raíz de lo que ya no se considera como intervención en el espacio público la mera intervención escenográfica en las calles, las plazas y los monumentos. Para formular estrategias en relación al espacio público, se debe considerar la multidimensionalidad del mismo. Por una parte, su dimensión jurídica, ya que se trata de un espacio sometido a regulaciones específicas para su utilización y la instalación de actividades de la vida urbana (esparcimiento, movilidad, actos colectivos, actividades culturales, comerciales, obras artísticas y referenciales simbólicas, etc.). Por otra parte, su dimensión socio-cultural, ya que posibilita la relación e identificación entre personas y grupos humanos diversos, de expresión comunitaria. También es relevante la multifuncionalidad, la dimensión morfológica y el diseño espacial. Por ejemplo, su accesibilidad física relativa, suele atraer focos de centralidad. En definitiva, puede decirse que la evaluación de la efectividad de los espacios públicos, debería considerar desde la intensidad y la calidad de las relaciones sociales que facilita, la

[14] Sobre la conceptualización del "espacio público" ubicada temporalmente a fines del siglo xx y principios del siglo xxi consideraremos algunas postulaciones vertidas por Jordi Borja en el año 1997 en el marco de la disertación "Ciudadanía y espacio público" publicada en Debate Barcelona. *Ciutat real Ciutat ideal. Significado y función en el espacio urbano moderno*, Barcelona: Centre de Cultura Contemporánea.

fuerza mixturante de grupos contemporáneos y su capacidad de estimular la identificación simbólica, la expresión y la integración cultural, a partir de su calidad formal, su diseño espacial, morfología, materialidad, funcionalidad y adaptabilidad a usos diversos a través del tiempo, sin olvidar la importancia de uno de los tipos de espacio público constituido por espacios verdes –plazas, parques, plazoletas– en su función ambiental urbana.

El abordaje proyectual espacial de los 4 predios tratados en este libro, que versará en el desarrollo de Planes de Sector Urbano y/o Grandes Proyectos Urbanos, y que se propone como ejercicio pedagógico de estudiantes avanzados y pasantes de la FADU-UBA, en acompañamiento y transferencia con los integrantes de los equipos de investigación de los Proyectos UBACyT A815[15] y SI-U2[16], debe considerar los 3 aspectos y dilemas detallados hasta aquí en este capítulo. Asimismo, los nuevos productos urbanos que se propongan, no deben regirse únicamente por criterios de competitividad, ni tampoco por razones de competencia exclusivamente burocrática, sino que deben ser multifuncionales, propender a la equidad y justicia social, incluyendo criterios sociales y ambientales, pero sin excluir la posibilidad de operaciones de promoción inmobiliaria o comercial, que además de dar viabilidad económica pueda contribuir a la regeneración del tejido económico-social y urbano del sector y su entorno.

La integración social enriquece cultural y materialmente a todos los ciudadanos, no solamente a los desposeídos, y la integración social sólo se puede dar en un territorio socialmente integrado. La convivencia y complementariedad en el territorio y en la economía de la producción formal e informal es asimétrica, algunos de sus componentes están legitimados en la esfera de lo "formal" y otros no son "informales", o fueron legitimados de una manera que sólo logra mantener las segregaciones socio-espaciales. La convivencia por sí misma no implica integración. Si la ciudad y la tierra urbana tienen que cumplir con una función social, y a esta sociedad pertenecemos todos, estas asimetrías deben ser revisadas.

La inestabilidad de los tomadores de decisión en el ámbito urbanístico y de las políticas sectoriales de gestión urbana, y el interrogante que aún se presenta respecto de temas tan delicados y controvertidos, desde el punto de vista de la pugna de los actores y agentes urbanos por el uso y apropiación de los espacios urbanos de localización estratégica en la ciudad, como consecuencia de la valorización que implican para esas tierras, los factores calificadores como la obra pública, la accesibilidad, la normativa urbanística, entre otros, coloca a los habitantes de los asentamientos estudiados, junto a una gran cantidad de asentamientos que no cesan de generarse a la vera de las vías y otros espacios urbanos estigmatizados, en una situación de incertidumbre, exponiéndolos a una lógica de evolución urbana que sólo parece orientarse al desarrollo de emprendimientos residenciales y comerciales

[15] "La valorización del espacio residencial en la región Metropolitana de Buenos Aires desde la lógica pública, privada y autogestiva".
[16] "Procesos proyectuales participativos y espacio urbano".

de alto estándar. Pero que encuentra su contradicción inherente en la dependencia con el trabajo y el espacio informal, y también en compulsas de reivindicación ciudadana diversas que complejizan aún más la formulación de un programa proyectual. En el sentido de las reivindicaciones ciudadanas y la participación, resulta pertinente señalar que es tan loable la influencia de estos movimientos sociales críticos en la superación del Urbanismo concebido como superposición o adición de políticas sectoriales, o para equilibrar de alguna manera la presión inmobiliaria y de las corporaciones profesionales del hábitat, como controvertibles algunas posiciones conservadoras a ultranza desde intereses exclusivamente de índole barrial, sectorial, ideológico, político-partidario, económico[17] o de exclusión por prejuicios o discriminación socio-cultural, relegando otros intereses y derechos ciudadanos que no les competen de manera directa.

A pesar de la expansión físico-espacial de la problemática habitacional en el ejido urbano que representan los asentamientos informales en las playas ferroviarias desafectadas, la premisa de formular propuestas urbanísticas inclusivas de los asentamientos existentes, también se presenta como una oportunidad de contribuir a una mayor mixtura y heterogeneidad socio-espacial en la ciudad, que requiere ser internalizada por los profesionales del hábitat, los gestores urbanos, los propios pobladores de esos asentamientos y los vecinos de su entorno. Lo cual implicaría reasignar el uso de estas tierras considerando prioritariamente a quienes las ocupan actualmente, reconociendo su relación desde los aspectos productivos, históricos y emocionales con el barrio, revirtiendo la tendencia de la Ciudad de Buenos Aires a transformarse sólo en el espacio para las inversiones privadas destinadas a proyectos residenciales y comerciales de alto estándar.

En el caso de investigación, presentado en este libro, la instancia propositiva amerita considerar tanto aspectos proyectuales desde el punto de vista de la asignación de los usos del suelo y el Ordenamiento Territorial y la Planificación Urbana, considerando el marco de las políticas sectoriales relativas a tierra, vivienda, transporte y otras relevantes para cada caso, así como también algunos aspectos del enfoque operativo del Proyecto Urbano. En esta conjunción de conocimientos y capacidades debe gestarse la interfase analítica-evaluativa[18] con la propositiva[19] a la que apunta la línea de investigación sobre política urbanística, habitacional y fundiaria, tomando el caso particular de las tierras desafectadas de usos ferroviarios que contienen asentamientos informales como problemática a resolver, entre otras demandas y propuestas

---

[17] Por parte de propietarios de inmuebles en vecindad a la propuesta de transformación urbanística.

[18] Cumplida como primera etapa del proyecto de investigación en curso, y sintetizada en el desarrollo en el tercer capítulo de este libro.

[19] Prevista como segunda etapa del proyecto de investigación en curso, a desarrollar con estudiantes y pasantes de la FADU-UBA, en articulación y transferencia con la Red Hábitat Argentina, y en la medida de lo posible, con participación de los pobladores de los asentamientos involucrados y con la consigna de indagar alternativas que consideren las demandas y proyectos de distintos actores, propulsando el aprovechamiento de la oportunidad que estas plantean por su inserción en la trama urbana de barrios como Caballito, Chacarita, Paternal o Barracas-Parque Patricios, en la estrategia de revertir o minimizar la segregación espacial.

urbanas del sector público, el sector privado y organizaciones no gubernamentales que también fueron analizadas en otros capítulos. La instancia proyectual debería entonces, contribuir a la reversión de las tendencias negativas que afectan a la ciudad, tanto en su dimensión física como en su dimensión social, a partir de las mejoras en el predio. Los lineamientos que se proponen para la relación entre el predio y la ciudad son: favorecer la conectividad de la estructura urbana, garantizar la accesibilidad, potenciar nuevas y viejas centralidades. Los lineamientos que se proponen para la mejora de la dimensión social de la urbe son: democratizar el disfrute de la urbanidad, tender al máximo de arraigo de los habitantes actuales, buscar la participación de la comunidad, producir cohesión articulando lógicas heterogéneas. Los lineamientos que se proponen para las mejoras en el predio son: respetar la historia de la configuración, introducir recalificaciones, provocar un cambio drástico de imagen.

Las propuestas alternativas deberán contener los siguientes ítems:

- Objetivos específicos en función del área de actuación.

    - Condiciones excluyentes: mix de usos que contemplen las necesidades de la ciudad en general y los intereses y propuestas representativos de intereses diversos de los distintos actores urbanos para el área urbana de inserción; radicación y urbanización de asentamientos informales existentes y articulación con políticas habitacionales y fundiarias, con diseños que contribuyan a la formalización de las situaciones de informalidad y que contemplen las funciones productivas presentes o futuras de los pobladores; introducción de criterios proyectuales de inclusión socio-espacial, re-equilibro de los desajustes entre el norte y el sur de la CBA, procedimientos de recuperación de plusvalías producidas en el marco del proyecto y redistribución de las misas con sentido progresista y de justicia social; incorporación de procedimientos proyectuales participativos reales o en su defecto, técnicas de simulación multiactoral.

    - Condiciones no excluyentes, pero recomendables: revisar en cada caso, la conveniencia y viabilidad de: generar nuevas centralidades de escala barrial; re-zonificar y reordenar el tejido y los usos del entorno inmediato; colaboración en la difusión y gestión de la postulación de la propuesta ante las autoridades de aplicación correspondientes en el marco de las actividades y misiones de la Red Hábitat Argentina, si los resultados del producto/proceso proyectual así lo ameritasen.

- Propuesta metodológica proyectual específica.

- Programas de necesidades considerando los contenidos de la primera etapa de la investigación, sintetizados en los capítulos 2 a 7 de este libro, y las premisas y bases detalladas en el capítulo 8.

- Lineamientos estratégicos,[20] incluyendo justificación respecto de la solución a conflictos espaciales y aprovechamiento de oportunidades, identificación de

[20] Asumiendo el concepto de "estrategia" en su sentido capacidad operativa para precisar los atributos urbanos estructurales a considerar, para priorizar objetivos y precisar la viabilidad de las acciones a emprender según el grado de consenso en relación a los actores sociales involucrados, las capacidades y recursos disponibles (humanos, materiales, financieros, tecnológicos, institucionales), el grado de aprovechamiento de oportunidades.

destinatarios y actores[21] según el grado y tipo posible de participación en el proceso proyectual y sus potenciales demandas, contemplando la dimensión física, social, económico-financiera, legal y ambiental.

- Esquicios de diseño espacial: plan masa o maquetización volumétrica de llenos y vacíos, propuesta morfológica, configuración dimensional, de distribución de usos y actividades, y de relación de espacios públicos y privados, trama, tejido (densidades edilicias y poblacionales, intensidad de uso del suelo, propuestas tipológicas edilicias y de implantación), articulación interna y con bordes, disposición de infraestructuras y equipamientos, diseño del paisaje, detalles (preferentemente referidos al espacio público), etc.
- Propuesta de alternativas de re-zonificación y parcelamiento.
- Análisis ponderativo de la nueva situación propuesta de convivencia de los nuevos uso con los relativos a la función ferrovial que perdurará en operación para el transporte de pasajeros y de cargas en caso que correspondiere.
- Propuesta de gestión del suelo, y articulación con otras políticas sectoriales (vivienda, transporte, etc.) en relación al plan de sector urbano y a la posibilidad de redistribución social.
- Nómina de componentes, acciones, recursos y previsión de horizontes temporales y cronograma estimativo de tareas.
- Prioridad de acciones según objetivos, lineamientos estratégicos, e identificación de sinergias y puntos críticos y condiciones de articulación multiactoral e intersectorial.
- Estimación de metas cuantitativas y cualitativas.
- Plan de gestión del proyecto (incluyendo modalidad institucional y de autoridad ejecutora) y plan de manejo multiactoral de los espacios públicos.
- Factibilidad técnica, económica y social.
- Esquicio de evaluación de impacto ambiental (antes, durante y post intervención), Prefiguración de mecanismos de monitoreo y mitigación de impactos.
- Informe conteniendo memoria descriptiva de productos/s y procesos/s, y conclusiones críticas y relativas a la posibilidad de replicabilidad de la experiencia en otras localizaciones urbanas de similares características urbanísticas, fundiarias y socio-habitacionales.

Articulación de la línea de investigación sobre "Política Urbanística, Habitacional y Fundiaria" con una nueva línea de investigación de la FADU-UBA: "Procesos proyectuales participativos y espacio urbano"

Según el tipo de intervención,[22] los objetivos y lineamientos estratégicos preliminares, la masa crítica y escenarios actorales e institucionales, cada uno de los 4 casos

---

[21] Se hace especial diferenciación entre el concepto de destinatario y el de actor social.

[22] Que no necesariamente tiene que ser unilineal sino por el contrario, suele acostumbrarse la combinación de distintos tipos de actuación o intervención urbanística, primando una por sobre las otras o indistintamente, no destacándose ninguna de ellas.

a abordar con Planes/Proyectos de Sector Urbano, presentan aptitudes diferenciales para la aplicación de procedimientos proyectuales y de gestión participativos, que deberán ser oportunamente considerados y evaluados.

Los procesos proyectuales del espacio urbano presentan hoy dos modalidades:

• La tradicional, del estudio proyectista, que últimamente ha incorporado la interdisciplina, según la complejidad de la encomienda y el medio a intervenir.
• La participativa, que además incorpora el aporte multiactoral como escenario de intercambio y enriquecimiento colectivo del proyecto de transformación que involucra el espacio urbano, los objetos, los sujetos y su colectivo, como estrategia para la sustentabilidad, la viabilidad y la factibilidad de su gestión.

Los instrumentos proyectuales participativos surgieron de una profunda autocrítica del Urbanismo y la Planificación Urbana[23] en los años ochenta, trascendiendo la discusión saldada décadas antes, sobre la debilidad de las intervenciones meramente físicas y varios preceptos del Movimiento Moderno, mientras la globalización transformaba los paradigmas tecnológico- productivos y socio-culturales, y la ciudad complejizaba su estructura espacial. Planificación Participativa, Estratégica,[24] y demás acepciones de este enfoque, que a la multi-dimensionalidad escalar y disciplinar agrega la actoral, fue una de las innovaciones en planificación, diseño, intervención y gestión del espacio urbano presente en la agenda urbana, al nivel de las cuestiones ambientales y de patrimonio cultural e implementada en Argentina desde los noventa, con opiniones a favor y en contra. En Argentina hay pocos ámbitos académicos que abordan estos instrumentos de aplicación a la política urbanística y el proyecto urbano.[25]

La UBA, y en particular la FADU, abordan parcialmente estas cuestiones, resultando que los egresados del campo disciplinar proyectual espacial en grado, con incumbencias profesionales en el hábitat y el espacio urbano, carecen mayormente de formación en estos aspectos.[26] En la FADU se ha incursionado en experiencias aleatorias de formación e investigación sobre metodologías proyectuales participativas, con

[23] El acto de "planificar" implica un conjunto de reflexiones, análisis situacional y prefiguración de escenarios, cálculos y dimensionamientos, que conllevan una estructura propositiva valorada, acompañada de estrategias adecuadas a objetivos y horizontes temporales, acciones, diseños espaciales y proyectos normativos, que sistematizan la voluntad de intervenir en una realidad espacial compleja, considerando factibilidad, viabilidad, oportunidad e impacto.

[24] La Planificación Estratégica promueve el desarrollo territorial desde la interacción entre gobierno y población, direcciona los mecanismos de competencia, cooperación y conflicto, y aprovecha el capital social y la energía creativa de los actores sociales. Así, la participación de la comunidad se suma a la de los profesionales y los tomadores de decisión, en un proceso en el que las disputas espaciales se dirimen mediante mecanismos democráticos de debate, consenso y decisión colectiva, potenciando el compromiso, viabilizando el desarrollo territorial deseado y posible, dando sustentabilidad a la gestión y la gobernabilidad.

[25] A título ilustrativo de propulsores de estos instrumentos en Argentina, podemos mencionar referentes como Héctor Poggiese, Mario Robirosa y Eduardo Reese. También la Facultad Latinoamericana de Ciencias Sociales que focaliza en los mecanismos de participación.

[26] Estos temas son tratados, parcialmente, pero a nivel de posgrado, y en relación a la especificidad del campo disciplinar de la Planificación Urbana y Regional.

vacancias en las áreas: académica de grado y de investigación en Urbanismo. En este contexto, el proyecto de investigación PPPYEU presupone que la institucionalización de un ámbito integrado de investigación y docencia en estas cuestiones, posibilitará la difusión de un plus instrumental indispensable en el campo proyectual que atañe al espacio urbano en el siglo XXI y que es una legítima demanda de la comunidad, contemplada legalmente en gran parte de los marcos normativos de la gestión urbana del país. Asimismo, presume que entrenar a docentes-investigadores y estudiantes en el manejo de estos mecanismos proyectuales, y generar nuevos conocimientos complementarios a sus recortes disciplinares, permitirá promocionar profesionales del hábitat con mayor inserción social y adaptabilidad frente a los requerimientos de los organismos públicos e instituciones intermedias, y gradualmente en el sector privado cuya arena de realización es el espacio urbano, contribuyendo así a una formación de grado más acorde a la diversidad de incumbencias que reconocen hoy las colegiaturas profesionales y que no está garantizada en los programas de enseñanza vigentes.

Con antecedente en una propuesta de Asignatura Optativa presentada para actualizar la oferta del Área Urbanismo en el marco de una convocatoria abierta de la Secretaría Académica de la Facultad de Arquitectura, Diseño y Urbanismo de la Universidad de Buenos Aires en el año 2006, se dio inicio a una nueva línea de investigación con sede en la Secretaría de Investigaciones denominada Proyecto SIC PUR 02/08 "Procesos Proyectuales Participativos y Espacio Urbano" (PPPYEU) desde mediados del año 2007.[27] Los objetivos y fundamentos de este proyecto de investigación, así como también su encuadre conceptual y metodológico, presentan un marco con gran potencial para el desenvolvimiento de la instancia proyectual y pedagógica que se espera derivar de los contenidos expresados en este libro, y para articular con parte de los objetivos y actividades de la línea de investigación sobre "Política Urbanística, Habitacional y Fundiaria" en curso. A continuación, se sintetizan los principales ejes y argumentos del proyecto de investigación PPPYEU.

La línea de investigación sobre "Procesos Proyectuales Participativos y Espacio Urbano", parte de reconocer las siguientes cuestiones:
- En primer término, las demandas de los actores sociales urbanos, en relación a instrumentos urbanísticos de vanguardia desde fines del siglo XX y principios del XXI, como los mecanismos participativos aplicados a la política urbanística, la planificación, el proyecto y la gestión del espacio urbano.
- En segundo término, la vacancia de estos contenidos sistematizados en la currícula del campo disciplinar espacial y la investigación en las Áreas de Urbanismo de la FADU-UBA.
- Por último, y en consecuencia de la combinación de las dos anteriores cuestiones, la falta de formación y capacitación formal de estudiantes, docentes y graduados

[27] Ambas líneas de investigación se encuadran en la tipología "Investigación Aplicada".

egresados de esta facultad perteneciente a la Universidad pública, para atender el tipo de demandas planteadas precedentemente por la comunidad.

A partir de las cuestiones enunciadas, los productos que el proyecto de investigación PPPYEU desarrolla según la tríada docencia-investigación-extensión que promueve la UBA son:
- Información teórico-metodológica con articulaciones interdisciplinarias para fortalecer la asignatura optativa "Procesos Proyectuales Participativos y Espacio Urbano" y otras como Proyecto Urbano y Planificación Urbana, así como también para actualizar y difundir el conocimiento sobre el tema en general.[28]
- Inventario de casos de aplicación de mecanismos proyectuales y gestión del espacio urbano participativos en distintas ciudades, con distintos abordajes escalares y actorales, acompañados del análisis crítico y evaluación de sus resultados.
- Asistencia técnica a organismos públicos y organizaciones no gubernamentales a partir de la identificación de casos con aptitud o factibilidad para la implementación de instrumentos urbanísticos participativos.

A continuación se enuncian los objetivos del proyecto de investigación PPPYEU que daría marco a la aplicación de procedimientos proyectuales participativos en caso de así definirse en la estrategia metodológica de todos o algunos de los 4 casos a abordar (Chacarita, Barracas, Paternal, Caballito):

Objetivo principal:
- Producir conocimiento sistemático y actualizado sobre procesos proyectuales e instrumentos de gestión participativos en relación al espacio urbano, y contribuir a incorporar este enfoque en la currícula académica del campo disciplinar proyectual espacial del Área Urbanismo y en la agenda de la Unidad de Investigaciones en Planeamiento Urbano y Regional de la FADU-UBA.

Objetivos específicos:
- Apoyar la creación de la asignatura optativa "Procesos Proyectuales Participativos y Espacio Urbano", promoviendo la formación de un equipo docente-investigador

---

[28] En la FADU predomina el abordaje positivista del proceso proyectual espacial en relación al espacio urbano, desde la dimensión física (funcional, morfológica, tecnológica), con raigambre en los preceptos arquitectónico-urbanísticos del Movimiento Moderno y sobre cuestiones esenciales como la dimensión social e institucional. Esta tradición presupone preferencias, gustos, aptitudes, imaginarios y demás aspectos configurativos de los programas de necesidades, mediando en el mejor de los casos, estudios de mercado o técnicas cualitativas –encuestas, entrevistas–. En la práctica, estas interpretaciones no siempre son acertadas, lo que devela problemas en la apropiación, uso y re-significación de los productos proyectados. Y es en la aprehensión y difusión de otro campo de acción de los docentes, investigadores, graduados y estudiantes, relacionado al capital social y el consenso de los actores involucrados en el proceso de producción, uso y apropiación del espacio urbano, donde radica la originalidad y valor social de esta línea de investigación sobre política urbanística en una Universidad Pública, apelando a formar una masa crítica con inserción social en los conflictos urbanos actuales, no solo con aptitud para satisfacer demandas puntuales de clientes, comitentes, usuarios, destinatarios o beneficiarios, sino también para incluir a los sujetos como actores activos en los procesos proyectuales de los productos espaciales.

de perfil multidisciplinar y recursos humanos en aspectos teórico-metodológicos, pedagógicos y profesionales en la especialidad. Explorar la articulación con asignaturas como Proyecto Urbano y Planificación Urbana y los campos disciplinares proyectuales de objeto y comunicacional.

· Realizar un inventario de experiencias proyectuales y de gestión participativas en relación al espacio urbano, clasificándolas según su inserción territorial, actores involucrados, escalas de abordaje y actuación, recortes temáticos, modalidad de participación, alimentando el Observatorio de Política Urbanística del Programa Urbanismo y Ciudad.

· Analizar casos paradigmáticos atendiendo a los fundamentos de partidarios y detractores, aplicando el marco interpretativo espacial crítico, la Teoría Urbana y el Urbanismo, con aportes de la Economía Urbana, la Geografía Urbana, la Sociología Urbana, la Psicología Social, el Derecho Urbanístico, la Historia Urbana y las Ciencias Políticas.

· Evaluar casos seleccionados según el avance y cumplimiento de objetivos y metas, los procesos y productos resultantes en los contextos y con los recursos disponibles, su impacto en la calidad de vida y el desarrollo urbano.

· Indagar casos con factibilidad de aplicación de mecanismos proyectuales participativos en relación al espacio urbano, en los recortes temáticos del espacio público y el espacio residencial en la ciudad de Buenos Aires y su región metropolitana, y formular recomendaciones propositivas.

· Fomentar el debate académico y la reflexión ciudadana sobre nuevos enfoques de la práctica proyectual y la participación ciudadana en relación al espacio urbano, promoviendo una actitud crítica sobre los "pros" y "contras" de su implementación, así como también potenciar sinergias entre los objetivos de modernizar la formación profesional y colaborar con demandas de asistencia técnica a la comunidad.

Finalmente, introducimos tres categorías conceptuales que contribuyen a la construcción de una matriz operativa de actores sociales, tanto para el caso de indagaciones del contexto multiactoral en el caso de un abordaje proyectual participativo real, como en el caso de su simulación con fines pedagógicos y/u organizacionales de la tarea proyectual. Se trata de una clasificación institucional de los mismos en cuanto a relación a la dimensión político-institucional definida por los sectores "público", "privado" e "intermedio", considerando una divisoria significativa en la capacidad de actuación, misiones y funciones, cuando se trata de organizaciones gubernamentales o no gubernamentales. Otra clasificación pertinente en relación a la capacidad de los actores en cuanto a su accionar en el proceso de gestión urbana, es la de "local", "extralocal" o "supralocal",[29] la cual focaliza en la "dimensión territorial de lo local" a partir de la existencia de recortes socioterritoriales dentro de la ciudad (áreas, distritos, barrios), que la población significa (otorga significado),

[29] Clasificación utilizada por Pedro Pírez (1995) en el artículo "Actores sociales y gestión de la ciudad" publicado en la Revista Ciudades N° 28 (México: RNIU).

constituyendo unidades socio-territoriales de acción por la presencia de actores sociales específicos, territorios intraurbanos más o menos homogéneos mediados por la relación entre el mercado inmobiliario y la posición socio-económica de la población, por afinidades étnicas, culturales o geográficas, y principalmente, por la capacidad de los actores para intervenir en la determinación de los procesos locales. Esto último, en una sociedad mundial "globalizada" complejiza aún más la matriz multiactoral, ya que puede ocurrir que los tomadores de cierto tipo de decisiones con relevante impacto local, pertenezcan a la órbita extra o supra-local. Por último, no puede dejar de considerarse una clasificación inherente al concepto de "espacialidad", según la perspectiva de "trialéctica espacial"[30] que remite a las categorías de espacio vivido, percibido y concebido", cuyas características centrales fueron explayadas en el capítulo Nº 3 de este libro.

A partir de la conjunción de los conceptos anteriores se construyó la siguiente matriz para su aplicación a la instancia proyectual a iniciarse a partir de la finalización de este libro y en el marco de la programación académica de la FADU-UBA para el año 2008 y 2009.

Tipo de actores sociales		PERCEPCIONES DE ESPACIALIDAD ACTUAL Y EXPECTATIVAS PROYECTUALES					
Sector	según capacidad de acción	Concebido [*]		Percibido		Vivido	
		injerencia directa	injerencia indirecta	injerencia directa	injerencia indirecta	injerencia directa	injerencia indirecta
Privado	local						
	extra-local						
	supra-local						
Público	local						
	extra-local						
	supra-local						
Instituciones intermedias	local						
	extra-local						
	supra-local						

[30] Teoría acuñada y explicitada por Edward Soja (1996) en el capítulo "The trialectics of spatiality" en el libro *Thirdspace* (Cambridge, USA / Oxford, UK: Blackwell Publishers).

[*] Deben considerarse y registrarse las 2 opciones: en primer lugar, el espacio originalmente concebido en función de lo cual la situación actual del sector urbano es lo que es; en segunda instancia, deberá someterse a criterio de los actores sociales, el nuevo espacio concebido como consecuencia del producto/proceso proyectual.

Factibilidad de abordaje proyectual integral y de métodos participativos, incluyendo soluciones habitacionales in situ para los asentamientos informales

El análisis de la factibilidad de abordaje proyectual integral con aplicación de métodos participativos, se ha organizado según el marco lógico estratégico FODA –fortalezas, oportunidades, debilidades, amenazas–, que se detalla a continuación para cada caso.[31]

[31] Se aclara que por la naturaleza de este tipo de matriz (FODA), algunos factores pueden ser considerados en distintos rangos, incluso opuestos, por ejemplo, al mismo tiempo presentarse como fortaleza y debilidad, como amenaza y oportunidad, dependiendo del punto de vista asumido en cada situación.

CASO CHACARITA			
fortalezas	**oportunidades**	**debilidades**	**amenazas**
Interés y experiencia en organización, actividades comunitarias existentes, varios años de asentamiento, familias extendidas paraguayas que por su cultura tienden a auto-organizarse y que vinieron a la Argentina en procura de progreso socio-económico. Las características físicas del predio (la estructura edilicia existente: galpones, edificios de material) y las intervenciones (de resignificación y acondicionamiento físico) ya realizadas por sus propios habitantes. Participación periódica de algunos pobladores, referentes de parte del asentamiento, en la Red Hábitat Argentina, que van acumulando experiencia en los temas urbanísticos y habitacionales. Gran parte de los pobladores del asentamiento están suficientemente informados sobre el marco normativo que regula estos predios y los derechos que los amparan.	Aún no hay un proyecto definido para el predio, pero el Plan Maestro propuesto en el Programa CHAP del PUA, contempla la posibilidad de edificaciones en parte del predio, que darían posibilidad de considerar la integración de parte de los pobladores del asentamiento. La relación superficie liberable / superficie del asentamientos, y su localización dentro del predio, permitiría que los asentamientos actuales se localicen dentro de los predios ferroviarios en una baja densidad. Incluso representaría la oportunidad para otros asentamientos; por ejemplo, para la población asentada a lo largo de las vías férreas. El destino de estas tierras se instala como una de las "cuestiones" de la agenda pública; este escenario político podría significar una oportunidad para que los habitantes planteen sus necesidades. Ventaja de la situación dominial: se trata de grandes extensiones de suelo ubicadas en localizaciones estratégicas de la ciudad, con un propietario único (Estado) que hace que las tierras estudiadas se constituyan en una gran oportunidad para promover una amplia gama de actividades urbanas propensas a la inclusión social, que no suele garantizar el mercado inmobiliario por cuenta del sector privado.	Falta de constitución de un actor unificado a los efectos de participación en procesos proyectuales y definiciones urbanísticas consensuadas. Sí existen varios grupos con diferentes propuestas. Confrontación explícita entre vecinos del entorno barrial y pobladores del asentamiento. Complejidad para cualquier gestión mediante acuerdo multiactoral: al menos dos actores necesarios (estado nacional y estado local), presentan intereses que podrían ser divergentes entre sí y con los de los pobladores del asentamiento.	La gestión gubernamental local, ha fortalecido posicionamientos tendientes a la erradicación de asentamientos informales no incluidos en el programa de villas de emergencia. La ubicación estratégica del terreno en proximidad al centro geográfico de la ciudad, y con excelente conectividad y accesibilidad, despierta el interés inmobiliario del sector privado, lo cual acrecienta el margen de conflicto social para consensuar el óptimo destino urbanístico que equilibre el interés general con el de diferentes actores sociales y agentes económicos. El surgimiento como "cuestión" en la agenda pública, del destino de estas tierras expone a los asentamientos al riesgo de desalojo.

CASO PATERNAL			
fortalezas	**oportunidades**	**debilidades**	**amenazas**
Las intervenciones realizadas por los vecinos de determinados sectores del asentamiento (especialmente sobre las calles perimetrales del predio). El ejemplo de organización de la Cooperativa de Vivienda La Lechería cerca del predio de la estación Paternal, podría servir como espejo de autoorganización. Relevante trayectoria de organizaciones barriales en relación a temas urbanos y urbanísticos. Potenciales referentes dentro del asentamiento; pobladores inmiscuidos en las problemáticas del asentamiento. Participación incipiente de algunos pobladores, referentes de parte del asentamiento, en la Red Hábitat Argentina.	Aún no hay un proyecto definido para el predio, y la propuesta del Master Plan del Programa CHAP del PUA, propuso una nueva urbanización residencial, que daría posibilidad de considerar la integración de parte de los pobladores del asentamiento. La relación superficie liberable / superficie del asentamientos, y su localización dentro del predio, permitiría que los asentamientos actuales se localicen dentro de los predios ferroviarios en una baja densidad. Incluso representaría la oportunidad para otros asentamientos; por ejemplo, para la población asentada a lo largo de las vías férreas. El destino de estas tierras se instala como una de las "cuestiones" de la agenda pública; este escenario político podría significar una oportunidad para que los habitantes planteen sus necesidades. Ventaja de la situación dominial: se trata de grandes extensiones de suelo ubicadas en localizaciones estratégicas de la ciudad, con un propietario único (Estado) que hace que las tierras estudiadas se constituyan en una gran oportunidad para promover una amplia gama de actividades urbanas propensas a la inclusión social, que no suele garantizar el mercado inmobiliario por cuenta del sector privado.	Falta de organización de pobladores del asentamiento para afrontar sus conflictos socio-habitacionales, originados en su más reciente data y en las extremas condiciones de precariedad social. Desinformación sobre el marco normativo que regula estos predios y desconocimiento, por parte de gran parte de los habitantes del asentamiento, y de los derechos que los amparan.	La gestión gubernamental local, ha fortalecido posicionamientos tendientes a la erradicación de asentamientos informales no incluidos en el programa de villas de emergencia. La ubicación estratégica del terreno en proximidad al centro geográfico de la ciudad, despierta el interés inmobiliario del sector privado, lo cual acrecienta el margen de conflicto social para consensuar el óptimo destino urbanístico que equilibre el interés general con el de diferentes actores sociales y agentes económicos. A pesar de no existir una resolución oficial, el Proyecto para la construcción de un Polo Editorial en el predio de las playas ferroviarias de Paternal aparece fuertemente en los medios de comunicación (incluso se ha llegado a dar por confirmado) y resuena como amenaza dentro del asentamiento. El surgimiento del destino urbanístico de estas tierras como "cuestión" en la agenda pública, expone a los asentamientos al riesgo de desalojo. Complejidad de cualquier gestión urbanística, ya que para un escenario de acuerdo multiactoral, al menos dos actores necesarios (estado nacional + estado local), presentan intereses y propuestas que pueden llegar a ser incompatibles, y en ambos casos, no se consideran los intereses de los actuales pobladores del asentamiento.
fortalezas	**oportunidades**	**debilidades**	**amenazas**

CASO CABALLITO			
fortalezas	oportunidades	debilidades	amenazas
Interés de algunas familias entrevistadas, en la autoorganización para la conquista social de su radicación y consideración en los planes y proyectos para este predio. Algunos de sus habitantes trabajan en el circuito "formal" de trabajo. Participación incipiente de algunos pobladores, referentes de parte del asentamiento, en la Red Hábitat Argentina. Nutrida trayectoria de organizaciones barriales en relación a temas urbanos y urbanísticos.	La presencia de grupos organizados en relación a la actividad cultural en uno de los galpones, podría representar una posible definición de un proyecto común. La relación superficie liberable / superficie del asentamientos, y su localización dentro del predio, permitiría que los asentamientos actuales se localicen dentro de los predios ferroviarios en una baja densidad. Incluso representaría la oportunidad para otros asentamientos, como los próximos a las vías. El destino de estas tierras se instala como una de las "cuestiones" de la agenda pública, lo que podría significar una oportunidad para que los habitantes planteen sus necesidades. Ventaja de la situación dominial: grandes extensiones de suelo en localizaciones estratégicas de la ciudad, con un propietario único (Estado) que hace que las tierras estudiadas se constituyan en una gran oportunidad para promover una amplia gama de actividades urbanas propensas a la inclusión social, que no suele garantizar el mercado inmobiliario por cuenta del sector privado. El ONABE ha difundido un proyecto de vivienda y equipamiento, que no precisa si ha de ser inclusivo respecto de los actuales pobladores del asentamiento. Dependiendo del sesgo a definir en la operatoria, de materializarse este proyecto, podría absorber y dar solución al conflicto socio-habitacional del predio.	No se registra unidad organizacional de pobladores del asentamiento para afrontar sus conflictos socio-habitacionales. Bajo nivel de cohesión entre diversos grupos de vecinos dentro del asentamiento, lo que dificulta su organización eficiente para participar de las instancias de toma de decisión sobre el destino del asentamiento en las tierras ferroviarias desafectadas. Nivel disgregado de información sobre el marco normativo que regula estos predios y de conocimiento, de los habitantes del asentamiento, de los derechos que los amparan.	La gestión gubernamental local, ha fortalecido posicionamientos tendientes a la erradicación de asentamientos informales no incluidos en el programa de villas. La ubicación estratégica del terreno en el centro geográfico de la ciudad, con excelentes condiciones de accesibilidad y conectividad, con carácter de sub-centro urbano, despierta tanto el interés inmobiliario del sector privado, lo cual acrecienta el margen de conflicto social para consensuar el óptimo destino urbanístico que equilibre el interés general con el de diferentes actores sociales y agentes económicos. El ONABE ha difundido un proyecto de vivienda y equipamiento para el predio, que no precisa si ha de ser inclusivo respecto de los actuales pobladores del asentamiento. La oposición y/o indiferencias de grupos organizados de vecinos del barrio a la radicación definitiva y urbanización del asentamiento y de todo tipo de emprendimiento que densifique residencialmente o con usos comerciales de tipo enclave la zona. El re-surgimiento como "cuestión" en la agenda pública, del destino de estas tierras expone a los asentamientos al riesgo de desalojo. Complejidad de gestión urbanística, ya que cualquier acuerdo multiactoral, cuenta con al menos dos actores necesarios (estado nacional + estado local), cuyos intereses pueden o no ser compatibles; más otros actores organizados (por ejemplo vecinos contra las torres de Caballito), cuyos intereses pueden no coincidir con los del Estado ni con los de los habitantes actuales.

CASO BARRACAS - PARQUE DE LOS PATRICIOS			
fortalezas	oportunidades	debilidades	amenazas
Varios años de asentamiento antes del desalojo compulsivo del año 2007. Participación de referente de centro cultural en algunas actividades de la Red Hábitat Argentina. Inquietudes de miembros de la comunidad educativa de la zona, por la mejora de las condiciones socio-habitacionales de estudiantes residentes en el asentamiento.	La Corporación del Sur Sociedad del Estado tiene capacidad para desarrollar los programas de urbanización de villas en el sur de la ciudad. La relación superficie liberable / superficie del asentamientos, y su localización dentro del predio, permitiría que los asentamientos actuales se localicen dentro de los predios ferroviarios en una baja densidad. Incluso representaría la oportunidad para otros asentamientos; por ejemplo, para la población asentada a lo largo de las vías férreas. Ventaja de la situación dominial: se trata de grandes extensiones de suelo ubicadas en localizaciones estratégicas de la ciudad, con un propietario único (Estado) que hace que las tierras estudiadas se constituyan en una gran oportunidad para promover una amplia gama de actividades urbanas propensas a la inclusión social, que no suele garantizar el mercado inmobiliario por cuenta del sector privado. Las obras comprometidas en el marco de las recientes transferencias de tierras para equipamientos urbanos (educativo superior tecnológico y para predial ferial industrial) aún no se han materializado. Esta situación postergada en el tiempo, podría facilitar la reconsideración de incorporación de otros usos necesarios para la zona.	Bajo nivel de cohesión y organización de los pobladores del asentamiento, fundamentado principalmente en las extremas condiciones de emergencia habitacional, socio-económica y de salubridad de los pobladores. El destino de estas tierras se instala como una de las "cuestiones" de la agenda pública, aunque desde un lugar de toa de decisión centralizada y "desde arriba", lo cual probablemente acelere la transformación urbanística del lugar, sin participación de los actores locales del barrio. Bajo nivel de información sobre el marco normativo que regula estos predios y de conocimiento, por parte de gran parte de los habitantes del asentamiento, de los derechos que los amparaban, lo que sumado al bajo nivel de organización, posibilitó, a pesar de la lucha popular, la erradicación de la mayor parte del asentamiento.	La gestión gubernamental local, ha fortalecido posicionamientos tendientes a la erradicación de asentamientos informales no incluidos en el programa de villas de emergencia. La ubicación estratégica del terreno en proximidad al centro administrativo y comercial principal de la ciudad, despierta tanto el interés inmobiliario del sector privado como la generación de propuestas de optimización rentística por parte del gobierno local, lo cual acrecienta el margen de conflicto social para consensuar el óptimo destino urbanístico que equilibre el interés general con el de diferentes actores sociales y agentes económicos. El surgimiento de estas tierras como "cuestión" en la agenda pública de la nueva gestión del gobierno local, ha expuesto al riesgo de desalojo a los pobladores del asentamiento, a causa de la reasignación de gran parte del predio a usos de otra índole y dirigidos a otros sectores socio-económicos. Complejidad de gestión urbanístico, ya que cualquier acuerdo multiactoral requiere de al menos dos actores necesarios (estado nacional + estado local), cuyos intereses pueden o no ser compatibles, y tampoco serían necesariamente coincidentes con los intereses de los vecinos del entorno y los pobladores que constituían el asentamiento.

Bibliografía de referencia

- **AAVV.**, *Síntesis histórica del ferrocarril en la Argentina*, Buenos Aires: Summa, 1977.

- **Abramo, Pedro** (org.), *A cidade da informalidade. O desafio das cidades latinoamericanas*, Río de Janeiro: Livraria Sete Letras, FAPERJ, 2003.

- **Améndola, Giandoménico**, "La ciudad: oscuro y contradictorio objeto del deseo" y "Los excluidos del sueño y la ciudad blindada", en *La ciudad posmoderna*, Madrid: Celeste Ediciones, 2000.

- **Aslan, Liliana; Irene Joselevich; Graciela Novoa; Diana Saiegh y Alicia Santaló,** *Buenos Aires. Barracas 1872-1970*, Buenos Aires: Inventario de Patrimonio Urbano, 1989.

- **Basualdo José Luis,** "Vivienda social y suelo urbano en la Argentina de hoy. Conflictos y posibilidades", en Seminario "Manejo de suelo urbano para la vivienda social en la Argentina", Buenos Aires: Consejo Nacional de la Vivienda / Lincoln Institute of Land Policy, 2006.

- **Bellota, Alfredo,** "El cura de las villas", en *Todo es Historia*, N° 361, ed. E. Perina; dir. F. Luna, Buenos Aires, 1997.

- **Blaustein, Eduardo,** *Prohibido vivir aquí. Una historia de los planes de erradicación de villas de la última dictadura*, Buenos Aires: CMV-GCBA, 2001.

- **Borja, Jordi,** "Ciudadanía y espacio público", en *Debate Barcelona 1997. Ciutat real Ciutat ideal. Significado y función en el espacio urbano moderno*, ed. P. Subirós, Barcelona: Centre de Cultura Contemporánea, 1997.

- **Boselli, Teresa y otros,** "Políticas de Vivienda en la Ciudad de Buenos Aires (1998-2001): bases para la evaluación del desempeño del parque habitacional social", en *El desempeño edilicio. La vida de los edificios en el tiempo*, comp. R. Dunowicz, Buenos Aires: Ediciones FADU, 2003.

- **Calvino, Ítalo,** *Las ciudades invisibles*, México: Minotauro, 1991, original: 1972.

• **Caruso, Leandro; Julián Rebón,** "Diagnóstico Ocupacional de la Villa 21-24 de la Ciudad de Buenos Aires", en *Laboratorio,* Nº 7, Buenos Aires: Facultad de Ciencias Sociales, Universidad de Buenos Aires, 2001.

• **Casenave, Daniel,** "GCBA con acento francés", Primera y Segunda parte, en *Todo Trenes,* Nº 23, <www.rumboalsud.com.ar>, 2006.

• **Castells, Manuel,** *La cuestión urbana,* Buenos Aires: Siglo XXI Argentina Editores, 1972-4.

• **CEDEM-GCBA,** "Desarrollo inmobiliario y déficit habitacional en la Ciudad de Buenos Aires", en *Informe Mensual de la Coyuntura Económica de la Ciudad de Buenos Aires,* Nº 1, Buenos Aires: CEDEM, diciembre, 2000.
——————————, "Caracterización económico territorial de los barrios La Boca y Barracas", en *Informe Mensual de la Coyuntura Económica de la Ciudad de Buenos Aires,* Nº 4, Buenos Aires: CEDEM, diciembre, 2001.

• **Clichevsky, Nora,** "El contexto de la tierra vacante en América Latina", en *Tierra vacante en ciudades latinoamericanas,* ed. N. Clichevsky, Toronto, Canadá: Lincoln Institute of Land Policy, 2002.
——————————, "Hábitat informal en América Latina: entre la permisividad, el desalojo y la regularización", en *Territorios,* Nº 6, Bogotá, febrero-julio 2001.

• **Consejo Nacional de la Vivienda,** "Plan de urbanización en villas y barrios carenciados", en *Revista del Consejo Nacional de la Vivienda,* Nº 9, Buenos Aires, mayo 2003.
——————————, "Comisión Municipal de la Vivienda. Nuevas soluciones para problemáticas complejas", en *Revista del Consejo Nacional de la Vivienda,* Nº 7, Buenos Aires, septiembre 2003.
——————————, "Subprograma Erradicación Villa 31", Buenos Aires, 1971.

• **Coraggio, José Luis,** "La política urbana metropolitana frente a la globalización", en *Actas de las Jornadas Internacionales Estado y Sociedad,* Buenos Aires: Siglo XXI, CEA-UBA, 1997.

• **COHRE,** *El derecho a la vivienda en Argentina. Desafíos para la promoción del derecho a la vivienda y a la tierra en Argentina. Centro de derecho a la vivienda y contra los desalojos,* Ginebra, Suiza: Programa de las Américas, 2004.

• **COPUA-GCBA,** *Documento Plan Urbano Ambiental Buenos Aires*, Buenos Aires, 2006.
————————————, *Documento final*, Buenos Aires, 2001.
————————————, *Programa de cambio de usos de playas ferroviarias de carga*, Buenos Aires, 1999.

• **Cravino, María Cristina,** "La propiedad de la tierra como un proceso. Estudio comparativo de casos en ocupaciones de tierras en el Área Metropolitana de Buenos Aires", en *Land Tenure Issues in Latin América* 2001 Conference, April 6-8, Birmingham, 2001.
————————————, *Las organizaciones villeras en la Capital Federal entre 1989 y 1996. Entre autonomía y clientelismo*, <www.naya.org.ar>, 2000.

• **Cuenya, Beatriz,** "Problemas y desafíos en la evaluación de proyectos de hábitat popular" en *Evaluación de proyectos. Hábitat Popular y Desarrollo Social. CEUR. Bibliotecas Universitaria,* Buenos Aires: Centro Editor de América Latina, 1994.

• **Cuenya, Beatriz y Ana Falú (comps.),** *Reestructuración del Estado y Política de Vivienda en Argentina,* Buenos Aires: Colección CEA-CBC, UBA, 1997.

• **Cutolo, Vicente Osvaldo,** *Historia de los barrios de Buenos Aires,* Buenos Aires: Editorial Elche, 1998.

• **D'Angeli, Liliana,** "La dialéctica ciudad formal-ciudad informal: estrategias sociales para la inclusión", en *Congreso Nacional de Sociología "¿Para qué la sociología en la Argentina actual?",* Buenos Aires: Facultad de Sociología, UBA, 2004.

• **De Mattos, Carlos,** "Dinámica económica globalizada y transformación metropolitana: hacia un planeta de archipiélagos urbanos", en *Territorios en Redefinición,* 6° EGAL, Instituto de Geografía, Buenos Aires: FFYL, UBA, 1997.

• **Diario La Nación,** "Una villa en plena Reserva", 18 de enero, Buenos Aires, 2005.
————————————, "En la ciudad se instalaron seis villas nuevas", Buenos Aires, 15 de enero, 2004.

• **Dunowicz, René, Olga Wainstein de Krasuk, Alicia Gerscovich, Raquel Perahia,** "90 años vivienda social en la ciudad de Buenos Aires", en Programa de mantenimiento habitacional. FADU-UBA, Buenos Aires: Ediciones de Arte Gaglianone, 2000.

• **Elías, José.** "El proceso de las casas tomadas en la ciudad de Buenos Aires", en *Publicación digital del Consejo Profesional de Graduados en Servicio Social o Trabajo Social,* Buenos Aires, <http://www.trabajo-social.org.ar>, 1997.

• **Escalada, Mercedes,** *El Diagnóstico Social. Proceso de conocimiento e intervención profesional,* Buenos Aires: Editorial Espacio, 2001.

• **Fernández Castro, Javier,** *Las articulaciones ciudad formal-ciudad informal. Una metodología de abordaje válida para la región, Proyecto UBACYT A401,* Buenos Aires: Laboratorio de Morfología, FADU-UBA / Río de Janeiro: Departamento de Sociología y Política-PUC, 2002.

• **Foro de Organizaciones de Tierra, Infraestructura y Vivienda,** *Talleres Zonales norte, sur y oeste,* Provincia de Buenos Aires: Foro de Organizaciones de Tierra, Infraestructura y Vivienda, 2005.

• **Foro Iberoamericano y del Caribe sobre Mejores Prácticas,** *Urbanização de assentamentos informais e regularização fundiária na américa latina,* Colombia: Foro Iberoamericano e do Caribe sobre Melhores Práticas, <www.mejorespracticas.org>, 2004.

• **Fundación Metropolitana,** "Planificación estratégica. La herramienta para pensar, diseñar y construir una nueva ciudad", en *La Gran Ciudad Planeamiento estratégico para la Región Metropolitana de Buenos Aires,* Nº 3, Buenos Aires: Fundación Metropolitana, 2003.
————————————, "Exclusión inclusión. La cuestión social en la región" en *La Gran Ciudad. Planeamiento estratégico para la Región Metropolitana de Buenos Aires,* Nº 3 (Buenos Aires: Fundación Metropolitana, 2003a.

• **GCBA** / Legislatura de la CBA, *Código de Planeamiento Urbano de la Ciudad de Buenos Aires. Ley 449, Decreto 1669,* Ciudad Autónoma de Buenos Aires: GCBA / Legislatura de la CBA, 2000.

· **Gutman, Margarita (ed.),** *Construir Bicentenarios: Argentina,* Buenos Aires: Caras y Caretas/ New School University de Nueva York, 2005.

· **Hardoy, Jorge y David Satterhwaite,** *Las ciudades del tercer mundo y el medio ambiente de la pobreza,* Buenos Aires: Grupo Editor Latinoamericano, Instituto Internacional de Medio Ambiente y Desarrollo - IIED - América Latina, 1987.

· **Harvey, David,** *Urbanismo y desigualdad social,* Madrid: Siglo XXI, 1979.

· **Instituto de la Vivienda de la Ciudad-GCBA,** <www.buenosaires.gov.ar>, 2004/07.

· **Jaramillo, Samuel y Luis Cuervo,** "El desenvolvimiento de la discusión sobre la urbanización latinoamericana: hacia un nuevo paradigma de interpretación", en *Urbanización latinoamericana. Nuevas perspectivas,* Bogotá: Ed. Escala, 1993.

· **Jáuregui, Jorge,** "Estructura urbana y exclusión", en *Revista de Arquitectura,* N° 205, "Ciudad y crisis", Buenos Aires: Sociedad Central de Arquitectos, octubre de 2002.
————————————, "Estrategias de articulación urbana. Proyecto y gestión de asentamientos periféricos en América Latina. Un enfoque transdisciplinario", en *Serie Difusión,* N° 16, Buenos Aires: Ediciones FADU, 2003.

· **LCABA,** Proyecto N°: 200700597. Legislatura Ciudad Autónoma de Buenos Aires. Autores: Bloques: Desde Abajo-Frente para la Victoria, Ciudad Autónoma de Buenos Aires, 2007.

· **Liernur, Jorge F. y Fernando Aliata,** *Diccionario de la Arquitectura,* Tomo e/h., Buenos Aires: Clarín Arquitectura, Williams, Fernando. Voz "Ferroviaria, Arquitectura", 2004.

· **Lopez, Néstor,** "Apuntes sobre la situación social argentina, antes y después de la crisis", en *La Gran Ciudad. Planeamiento estratégico para la Región Metropolitana de Buenos Aires,* N° 3, Buenos Aires, Argentina: Fundación Metropolitana, primavera de 2003.

· **Lungo, Mario y Raquel Rolnik,** *Gestión estratégica de la tierra urbana,* San Salvador: Prisma, 1989.

• **Mallimachi, Fortunato,** "Nuevos y viejos rostros de la marginalidad en el Gran Buenos Aires", en coods. F. Mallimachi; A. Salvia, *Los nuevos rostros de la marginalidad. La Supervivencia de los desplazados,* Buenos Aires: Editorial Biblos Sociedad, e Instituto Gino Germani, UBA, 2005.

• **Maricato, Herminia.** "Globalization and urban policy on the periphery of capitalism", Discurso pronunciado en la apertura del *World Planning Schools Congress, Diversity and Multiplicity,* Ciudad de México, 11 de Julio de 2006.

• **Martinez, Clarisa,** "Redefiniciones de la política de radicación de villas de la Ciudad de Buenos Aires. Período 1984-2000", en *Mundo Urbano,* Nº 19, Buenos Aires: Universidad Nacional de Quilmas, 2002.

• **Mignaqui, Iliana,** "Los bancos de tierra públicos como instrumento de desarrollo económico-territorial. La experiencia de la Corporación Buenos Aires Sur SE", en *Seminario Internacional Red de Investigación sobre áreas metropolitanas de Europa y América Latina,* Santiago de Chile: RIDEAL, diciembre de 2003.

• **Mignaqui, Iliana y Daniela Szajnberg,** "Tendencias en la organización del espacio residencial de la Región Metropolitana de Buenos Aires en los noventa", en *Procesos territoriales en Argentina y Brasil,* comps. A. F. Alessandri Carlos y R. Bertoncello, Buenos Aires y San Pablo: Dep. de Geografía, Facultad de Filosofía y Letras y Ciencias Humanas, Universidad de San Pablo e Instituto de Geografía, FFYL, UBA, 2003.

• **Mignaqui, Ileana; Daniela Szajnberg y Pablo Ciccolella,** "Metropolis in transformation. Buenos Aires between economic growth and social disintegration" en *42nd International Society of City and Regional Planners, ISOCARP World Congress Cities between integration vs. disintegration: opportunities and challenges,* Istanbu, 2006.

• **Monza, Alfredo,** "La evolución de la informalidad en el área metropolitana en los años noventa. Resultados e interrogantes", en *Informalidad y exclusión social,* comps. E. Klein, J. Carpio, I. Novacovsky, AAVV/ Fondo de Cultura Económica, 1ª edición, 2000.

• **Murmis, Miguel y Silvio Feldman,** "La heterogeneidad social de las pobrezas", en *Cuesta abajo. Los nuevos pobres: efectos de la crisis en la sociedad argentina,* comp. A Minujin, Buenos Aires: UNICEF / Losada, 1992.

• **Novick, Alicia,** "Espacios y proyectos. Oposiciones, hegemonías e interrogantes", en *Las dimensiones del Espacio Público. Problemas y proyectos*, Buenos Aires: GCBA, 2003.

• **Oszlak, Oscar,** "Estado y sociedad: las nuevas fronteras", en *El rediseño del Estado*, comp. B. Klisberg, México: INAP/Fondo de Cultura Económica, 1994.
——————————, *Merecer la ciudad. Los pobres y el derecho al espacio urbano*, Buenos Aires: Estudio CEDES. Editorial Humanitas, 1991.

• **Pirez, Pedro,** "Actores sociales y gestión de la ciudad", en *Revista Ciudades*, N⁰ 28, octubre-diciembre, México: RNIU, 1995.

• **Poggiese, Héctor,** "Movimientos sociales, formulación de políticas y redes mixtas socio-gubernamentales para un nuevo saber-hacer en la gestión de la ciudad", en *Desarrollo urbano: viejo tema o exigencia del presente*, comp. D. Filmus, Buenos Aires: Ediciones CLACSO, 2000.
——————————, "Asociaciones populares urbanas y participación", en *Habitar popular. Experiencias y alternativas en países de América Latina, Cuadernos del CEUR*, N⁰ 16, Buenos Aires: Centro de estudios Regionales y Urbanos, 1986.

• **PROSUR,** *Barracas. Diagnóstico y estrategias*, Buenos Aires: MCBA, 1994.

• **Puccia, Enrique,** *Barracas en la historia y en la tradición*, Buenos Aires: Municipalidad de la Ciudad de Buenos Aires, 1977.

• **Reese, Eduardo,** "Grandes Proyectos Urbanos: conceptos y características generales", en *Gestión del Suelo en Grandes Proyectos Urbanos. Programa para América Latina y el Caribe*, Querétaro, México: Lincoln Institute of Land Policy, 2006.

• **Robirosa, Mario y otros,** "La participación, Análisis de actores y formulación de estrategias" y "Algunas reflexiones inevitables frente a la práctica", en *Turbulencia social y planificación social. Lineamientos metodológicos de gestión de proyectos sociales desde el Estado*, Buenos Aires: Siglo XXI de España Editores y UNICEF, 1990.

• **Rodríguez, María Carla,** "Ocupaciones de edificios, autogestión, políticas de hábitat y derecho a la ciudad. La experiencia del Movimiento de ocupantes e inquilinos en la ciudad de Buenos Aires", en *Ciudades y Regiones en la Argentina de los '90:*

¿Quiénes ganan y quiénes pierden en el proceso de ajuste?, Buenos Aires: CEUR-CEA-UBA, 1997.

- **Rodríguez, María Carla y otros,** "Producción social del hábitat y políticas en el Área Metropolitana de Buenos Aires: historia con desencuentros", en *Documentos de Trabajo*, Nº 49, Febrero, Buenos Aires: Instituto de Investigaciones Gino Germani, UBA, 2007.

- **Rodulfo, Miriam,** "La situación habitacional y las políticas públicas", en *Revista URBARED*, Nº 6, General Sarmiento, Provincia de Buenos Aires: UNGS, 2005.
————————————, "Intervención pública en asentamientos informales. ¿Productos o procesos?", en *Eje temático Políticas Públicas sobre Asentamientos Informales en Seminario Latinoamericano "Teoría y política sobre asentamientos informales"*, Malvinas Argentinas, Provincia de Buenos Aires: UNGS, 2006.

- **Rolnik, Raquel,** Trascripción de intervenciones de Raquel Rolnik "Taller de intercambio" "Acceso al suelo urbano y políticas habitacionales autogestionarias", en *Revista vivienda popular*, Nº 56, Buenos Aires, agosto 2005.

- **Rossi, Graciela,** "Multiplicar las redes. Hacer visible lo invisible", en *Congreso Nacional de Sociología*, Buenos Aires: Facultad de Sociología, UBA, 2004.

- **Rovacio, Alejandra,** "Las prácticas sociales y el espacio urbano", en *Lo urbano en el pensamiento social*, Buenos Aires: Instituto Gino Germani: Facultad de Sociología, UBA, 1999.

- **Rovere, Mario,** "La planificación estratégica y la ciudad como sujeto", en *La Gran Ciudad*, Nº 2, Buenos Aires: Fundación Metropolitana, 2003.

- **Scobie, James,** *Buenos Aires. Del centro a los barrios,* Buenos Aires: Solar/ Hachette, 1976.

- **Smolka, Martín, y otros,** "El debate sobre la recuperación de plusvalías en América Latina", en *Land Lines,* vol.15, N° 3, Cambridge: Lincoln Institute of Land Policy, Julio de 2003.

- **Soja, Edward,** "The trialectics of spatiality", en *Thirdspace*, Cambridge, USA / Oxford, UK: Blackwell Publishers, 1996.

· **Sorda, Gabriela y Guadalupe Tello,** "100 años de vivienda social en la ciudad de Buenos Aires: la producción como cruce de imaginarios urbanos y sociales de los actores político-económicos", en *IX Jornadas Imaginarios Urbanos*, Buenos Aires: FADU-UBA, 3 a 5 de mayo de 2007.

· **Suarez, Marcela,** "Reservas urbanas para Buenos Aires", en *Revista de la Sociedad Central de Arquitectos*, Nº 157, Sección La Ciudad, Buenos Aires: SCA, julio de 1991.

· **Subsecretaría de Desarrollo Urbano y Vivienda,** "Diagnóstico de la situación habitacional urbana", en *Revista del Consejo Nacional de la Vivienda*, Nº 12, Buenos Aires, abril de 2004.

· **Szajnberg, Daniela,** "Inequidad socio-territorial y valorización del espacio residencial en la Región Metropolitana de Buenos Aires", en *Cien por Cien Ciencia y Técnica*, año IV, Nº 48, Buenos Aires: SECYT-UBA, 2007a.
———————, "Procesos proyectuales participativos y espacio urbano. Propuesta para la formación de profesionales en el Área Urbanismo de la FADU-UBA", en *Convención de Ordenamiento Territorial y Urbanismo. Equidad y Sustentabilidad, La Habana: Instituto de Planeamiento Físico*, 29 de octubre de 2007b.
———————, "De la competencia a la complementariedad del Plan y el Proyecto Urbano", en *Área Urbanismo*, Buenos Aires: Secretaría Académica, FADU-UBA, 2007c.
———————, "Privatization of public land and real estate speculation in Buenos Aires", en *Grupo de Trabajo Globalización y Privatización del Hábitat*, Santiago de Chile: General Secretariat, Hábitat International Coalition, 2006.
———————, "Las políticas territoriales implícitas en el Estado post-social: el caso de la ciudad de Buenos Aires", en *Actas de Jornadas de Ciencias Políticas de la UBA "Los horizontes y las encrucijadas de la Democracia en América Latina"*, Buenos Aires: Facultad de Ciencias Sociales, UBA, 6 de noviembre de 1999a.
———————, "Tendencias en la organización del espacio residencial en la región metropolitana de Buenos Aires", en *Actas del Seminario Internacional "Dinámica de los territorios y las redes en la Argentina del MERCOSUR"*, Buenos Aires: Centro Franco Argentino de Altos Estudios de la UBA, 30 y 31 de agosto de 1999b.

· **Szajnberg, Daniela; Guadalupe Tello y Gabriela Sorda,** "Situación socio-habitacional de los nuevos asentamientos en la ciudad de Buenos Aires: el caso de la playa ferroviaria de Paternal", Buenos Aires: Red Hábitat Argentina, agosto de 2007.

——————————, "Situación socio-habitacional de los nuevos asentamientos en la ciudad de Buenos Aires: el caso de la playa ferroviaria de Paternal", en *Jornada Internacional "Hábitat Social para un mundo urbano"*, San Fernando del Valle de Catamarca: Red Hábitat Argentina, 16 de agosto de 2007b.

• **Szajnberg, Daniela; Ileana Versace; Fernanda Schilman; Gabriela Sorda; Mariano Schilman y Guadalupe Tello,** "Patrones territoriales del hábitat popular en Buenos Aires. Los nuevos asentamientos informales y su relación con la consolidación de la actividad informal", en *xxii Jornadas de Investigación "Urbe y territorio" y iv Encuentro Regional de Investigación*, Buenos Aires: FADU-UBA, 13 a 15 de septiembre de 2007.

——————————, "Asentamientos en tierras nacionales en la Ciudad de Buenos Aires: caso Asentamiento Delta Sur en la Estación Buenos Aires", en *Jornadas Día mundial del Hábitat*, Buenos Aires: FADU-UBA, 2006a.

——————————, "Asentamientos en tierras nacionales en la Ciudad de Buenos Aires: caso Asentamiento Delta Sur en la Estación Buenos Aires", en *Jornada Hábitat 2006: ley marco, reforma urbana y derecho a la ciudad", en el marco de la "Campaña Internacional Día del Hábitat"*, Buenos Aires: *Red Hábitat* Argentina, FADU-UBA, CINU, 2006b.

——————————, "Historias de vida, historias de tierras I: indagaciones históricas sobre asentamientos espontáneos precarios en Buenos Aires", en *xxi Jornadas de Investigación "Historia, crítica y teoría"*, Buenos Aires: FADU-UBA, septiembre 2006c.

——————————, "Asentamientos en tierras nacionales en la Ciudad de Buenos Aires: caso Asentamiento Delta Sur en la Estación Buenos Aires", Buenos Aires: Red Hábitat Argentina, 2006d.

• **Szajnberg, Daniela; Marina Mann y Santiago Arias,** "Estrategias de acceso a tierra y vivienda de movimientos sociales con acción territorial en la ciudad de Buenos Aires", en *Revista Theomai*, marzo (ponencia año 2004), Quilmes: Universidad Nacional de Quilmes, 2005.

• **Szajnberg, Daniela y Santiago Arias,** "Nuevos actores y estrategias en la problemática urbana del acceso a la vivienda. El caso de las cooperativas autogestivas en la ciudad de Buenos Aires", en *Colección Propuestas. Revista Serie Urbana*, N⁰ 12, Instituto de Investigaciones en Humanidades Dr. Gerardo H. Pagés, , Buenos Aires: Colegio Nacional Buenos Aires, UBA, marzo de 2005.

- **Szajnberg, Daniela; Laura Pesce y Gabriela Sorda**, "Nuevas tendencias de urbanización y medio ambiente en la Ciudad de Buenos Aires: de la Villa Costanera Sur Rodrigo Bueno en la Reserva Ecológica y la urbanización Santa María del Plata en tierras de la ex Ciudad Deportiva de La Boca", en *7º Encuentro Internacional*, septiembre, Merlo, San Luís: Instituto Humboldt, 2005.

- **Szajnberg, Daniela; Marina Mann; Gabriela Sorda y Laura Pesce**, "Organizaciones sociales en lucha por la Vivienda", en *Conferencia casos Asentamiento Rodrigo Bueno en Costanera Sur y Asentamiento Chacarita. Jornada Campaña Internacional Día del Hábitat*, Buenos Aires: Red Hábitat Argentina - CINU, octubre 2005.

- **Szajnberg, Daniela y Gabriela Sorda**, "Políticas de gestión de la Vivienda de Interés Social en la ciudad de Buenos Aires: de la Comisión Municipal de la Vivienda al Instituto de la Vivienda de la Ciudad", en *Taller Ciudad y Región. Instituto Gino Germani, Buenos Aires: Instituto Gino Germani*, Facultad de Ciencias Sociales, UBA, octubre 2004.

- **Szajnberg, Daniela y Christian Cordara**, "Las políticas urbanísticas en su laberinto", en *Café de las Ciudades Revista digital Conocimiento, Reflexiones y Miradas sobre la Ciudad, sección Política de las Ciudades*, año 6, Nº 53 y 54, Buenos Aires, <www.cafedelasciudades.com.ar>, marzo-abril 2007.
——————————, "Los condominios con infraestructura y servicios especiales y la reconversión de tierras de fábricas, talleres y depósitos desactivados en Villa Santa Rita, ciudad de Buenos Aires", en *Congreso Nacional de Arquitectura y Urbanismo "Estado de situación y nuevas perspectivas en el siglo XXI"*, La Plata: Facultad de Arquitectura y Urbanismo, Universidad Nacional de La Plata, septiembre 2005.

- **Szajnberg, Daniela; Javier Pisano y María Laura Carena**, "El aporte de la Planificación Estratégica y la Comunicación Comunitaria al dispositivo de enseñanza de los procesos proyectuales participativos", en *XXII Jornadas de Investigación "Urbe y territorio" y IV Encuentro Regional de Investigación"*, FADU-UBA, comp. R. Molinos, Buenos Aires: FADU-UBA, 2007.

- **Tartarini, Jorge D.**, *Arquitectura ferroviaria*, Buenos Aires: Ediciones Colihue, 2005.

- **Topalov, Christian**, *Ganancias y rentas urbanas*, Madrid: Siglo XXI, 1984.

• **Torres, Horacio,** "Cambios Socio territoriales en Buenos Aires durante la Década de 1990", en *EURE, Revista latinoamericana de estudios urbano regionales,* vol. 26, Nº 80, Santiago de Chile: EURE, 2001.

• **Tsakoumakos, Pedro,** "Distinción entre evaluación económica y evaluación social del proyecto", en *Evaluación económica y hábitat popular. Manual de evaluación económica de proyectos de mejoramiento ambiental del hábitat popular urbano,* Buenos Aires: Agencia alemana de cooperación técnica y Secretaría de Vivienda de Argentina, 1993.

• **Valles, Miguel,** "Las entrevistas en profundidad", en *Técnicas cualitativas de investigación social. Reflexión metodológica y práctica profesional,* Madrid: Ed. Síntesis, 1997.

• **Villasante, Tomás,** *La Investigación Social Participativa,* Madrid: El Viejo Topo, 2000.

• **Yujnovsky, Oscar,** *Claves políticas del problema habitacional argentino. Colección Estudios Políticos y Sociales,* Buenos Aires: Grupo Editor Latinoamericano, 1984.

Currículum de autores

GRADUADOS

DANIELA SZAJNBERG
Arquitecta-UBA (1992). Magíster en Planificación Urbana y Regional-UBA (Especialista: 1999; Magíster: 2007). Profesora de grado y postgrado e investigadora de FADU-UBA desde 1995. Directora de pasantes del Programa de Formación en Investigación de la SI-FADU-UBA desde 2003 y de pasantes de Acreditación Académica de la FADU-UBA desde 2004. Directora de Proyectos de Investigación UBACyT A815 (2006-2009) "La valorización del espacio residencial en la RMBA desde la lógica pública, privada y autogestiva", SIC-PUR 02/07 (2007-2008) "Procesos proyectuales participativos y espacio urbano", UBACyT A023 (2003-2005) "Política urbanística y dinámica inmobiliaria: la producción del espacio residencial en la ciudad de Buenos Aires" y SI-U1 "Política urbanística y dinámica inmobiliaria: la producción del espacio residencial en la ciudad de Buenos Aires" (2005-2006). Profesora y Coordinadora del Área Urbanismo-Secretaría Académica desde 2006 y de la Unidad de Investigaciones UPUR desde 2003, FADU-UBA. Consultora y asesora de organismos públicos y organizaciones no gubernamentales sobre temas urbanísticos, ambientales, de ordenamiento territorial, patrimonio cultural, planificación urbana y regional, y planificación estratégica, y autora de publicaciones, ponencias y disertaciones nacionales e internacionales.

ILEANA VERSACE
Arquitecta-UBA (1999).Estudiante avanzada del posgrado Historia y Crítica de la Arquitectura y el Urbanismo de la Facultad de Arquitectura, Diseño y Urbanismo de la Universidad de Buenos Aires. Estudios cursados en Carrera Docente y de Programa de Formación en Investigación FADU-UBA. Docente de la asignatura Historia en la carrera Arquitectura-FADU-UBA. Integrante del Proyecto de Investigación UBACyT A815 (2006-2009).

FERNANDA SCHILMAN
Licenciada en Ciencias Sociales-UBA (1998). Master en Sociología Económica-Universidad de General San Martín (2001). Doctora en Economía y Gestión de Empresas-

Universidad Rovira i Virgili, Reus España (2005). Integrante Proyecto UBACyT A815 (2006-2009), y asistente de investigación en Universidad Nacional de General Sarmiento (1999-2001) y de la Universidad Nacional de La Plata (1998-2000).

MARINA MANN

Licenciada en Ciencias Sociales-UBA (2005). Integrante de los Proyectos de Investigación UBACyT A023 (2003-2005) y A815 (2006-2009). Cursos de capacitación en el Programa de Formación en Investigación-SI-FADU-UBA.

CHRISTIAN CORDARA

Arquitecto-UBA (2004). Estudiante avanzado de Posgrado en Planificación Urbana y Regional-UBA. Docente de asignatura Arquitectura de la FADU-UBA. Integrante de los Proyectos de Investigación UBACyT A023 (2003-2005), SI-U1 (2005-2006), A815 (2006-2009) y SI-U2 (2007-2008). Co-director de pasantes del Programa de Acreditación Académica FADU-UBA.

ESTUDIANTES

GABRIELA SORDA

Estudiante avanzada de la carrera Arquitectura de la Facultad de Arquitectura, Diseño y Urbanismo de la Universidad de Buenos Aires. Ayudante docente de la asignatura Historia en la carrera Arquitectura-FADU-UBA. Integrante de los Proyectos de Investigación UBACyT A023 (2003-2005), SI-U1 (2005-2006), A815 (2006-2009) y SI-U2 (2007-2008), y pasante del Programa de Formación en Investigación de la FADU-UBA. Directora de Hábitat en la Secretaría de Acción Comunitaria y Coordinadora de la Unidad de Investigaciones en Historia, Teoría y Crítica en Secretaría de Investigaciones de la FADU-UBA desde 2006.

MARIANO SCHILMAN

Estudiante avanzado de la carrera Arquitectura de la Facultad de Arquitectura, Diseño y Urbanismo de la Universidad de Buenos Aires. Ayudante docente de la

asignatura Historia en la carrera Arquitectura-FADU-UBA. Integrante de los Proyectos
de Investigación UBACyT A023 (2003-2005) y A815 (2006-2009).

GUADALUPE TELLO
Estudiante avanzada de la carrera Arquitectura de la Facultad de Arquitectura,
Diseño y Urbanismo de la Universidad de Buenos Aires. Integrante de los Proyectos de Investigación UBACyT A815 (2006-2009) y SI-U2 (2007-2008). Pasante del Programa de Formación en Investigación y el Programa de Acreditación Académica
de la FADU-UBA.

LAURA PESCE
Estudiante avanzada de la carrera Arquitectura de la Facultad de Arquitectura,
Diseño y Urbanismo de la Universidad de Buenos Aires. Integrante del Proyecto
de Investigación UBACyT A023 (2004-2005), UBACyT A038 (2004-2007), y pasante del
Programa de Formación en Investigación de la FADU-UBA.

NICOLÁS CAMBÓN
Estudiante avanzado de la carrera Arquitectura de la Facultad de Arquitectura,
Diseño y Urbanismo de la Universidad de Buenos Aires. Ayudante docente de la
asignatura Historia en la carrera Arquitectura-FADU-UBA. Integrante del Proyecto de
Investigación UBACyT A815 y pasante del Programa de Formación en Investigación
de la FADU-UBA.